Heinrich Heine

Französische Maler

Heinrich Heine: Französische Maler

Berliner Ausgabe, 2015, 3. Auflage
Vollständiger, durchgesehener Neusatz mit einer Biographie des
Autors bearbeitet und eingerichtet von Michael Holzinger

Die Artikelserie entstand 1831 für Cottas »Morgenblatt für gebildete
Stände«. Erste Buchveröffentlichung in: Der Salon, 1. Bd., Hamburg
(Hoffmann und Campe) 1834.

Textgrundlage ist die Ausgabe:
Heinrich Heine: Werke und Briefe in zehn Bänden. Herausgegeben
von Hans Kaufmann, 2. Auflage, Berlin und Weimar: Aufbau, 1972.

Herausgeber der Reihe: Michael Holzinger
Reihengestaltung: Viktor Harvion
Umschlaggestaltung unter Verwendung des Bildes:
Heinrich Heine (Gemälde von Moritz Oppenheim, 1831)

Gesetzt aus Minion Pro, 10 pt

ISBN 978-1482558333

Inhalt

Gemäldeausstellung in Paris. 1831

Der Salon ist jetzt geschlossen, nachdem die Gemälde desselben seit Anfang Mai ausgestellt worden. Man hat sie im allgemeinen nur mit flüchtigen Augen betrachtet; die Gemüter waren anderwärts beschäftigt und mit ängstlicher Politik erfüllt. Was mich betrifft, der ich in dieser Zeit zum ersten Male die Hauptstadt besuchte und von unzählig neuen Eindrücken befangen war, ich habe noch viel weniger als andere mit der erforderlichen Geistesruhe die Säle des Louvres durchwandeln können. Da standen sie nebeneinander, an die dreitausend, die hübschen Bilder, die armen Kinder der Kunst, denen die geschäftige Menge nur das Almosen eines gleichgültigen Blicks zuwarf. Mit stummen Schmerzen bettelten sie um ein bißchen Mitempfindung oder um Aufnahme in einem Winkelchen des Herzens. Vergebens! die Herzen waren von der Familie der eigenen Gefühle ganz angefüllt und hatten weder Raum noch Futter für jene Fremdlinge. Aber das war es eben, die Ausstellung glich einem Waisenhause, einer Sammlung zusammengeraffter Kinder, die sich selbst überlassen gewesen und wovon keins mit dem anderen verwandt war. Sie bewegte unsere Seele wie der Anblick unwürdiger Hülflosigkeit und jugendlicher Zerrissenheit.

Welch verschiedenes Gefühl ergriff uns dagegen schon beim Eintritt in eine Galerie jener italienischen Gemälde, die nicht als Findelkinder ausgesetzt worden in die kalte Welt, sondern an den Brüsten einer großen, gemeinsamen Mutter ihre Nahrung eingesogen und als eine große Familie, befriedet und einig, zwar nicht immer dieselben Worte, aber doch dieselbe Sprache sprechen.

Die katholische Kirche, die einst auch den übrigen Künsten eine solche Mutter war, ist jetzt verarmt und selber hülflos. Jeder Maler malt jetzt auf eigene Hand und für eigene Rechnung; die Tageslaune, die Grille der Geldreichen oder des eigenen müßigen Herzens gibt ihm den Stoff, die Palette gibt ihm die glänzendsten Farben, und die Leinwand ist geduldig. Dazu kommt noch, daß jetzt bei den französischen Malern die mißverstandene Romantik grassiert und, nach ihrem Hauptprinzip, jeder sich bestrebt, ganz anders als die anderen zu malen oder, wie die kursierende Redensart heißt, seine Eigentümlichkeit hervortreten zu lassen. Welche Bilder hierdurch manchmal zum Vorschein kommen, läßt sich leicht erraten.

Da die Franzosen jedenfalls viel gesunde Vernunft besitzen, so haben sie das Verfehlte immer richtig beurteilt, das wahrhaft Eigentümliche leicht erkannt und aus einem bunten Meer von Gemälden die wahrhaften Perlen leicht herausgefunden. Die Maler, deren

Werke man am meisten besprach und als das Vorzüglichste pries, waren A. Scheffer, H. Vernet, Delacroix, Decamps, Lessore, Schnetz, Delaroche und Robert. Ich darf mich also darauf beschränken, die öffentliche Meinung zu referieren. Sie ist von der meinigen nicht sehr abweichend. Beurteilung technischer Vorzüge oder Mängel will ich soviel als möglich vermeiden. Auch ist dergleichen von wenig Nutzen bei Gemälden, die nicht in öffentlichen Galerien der Betrachtung ausgestellt bleiben, und noch weniger nützt es dem deutschen Berichtempfänger, der sie gar nicht gesehen. Nur Winke über das Stoffartige und die Bedeutung der Gemälde mögen letzterem willkommen sein. Als gewissenhafter Referent erwähne ich zuerst die Gemälde von

A. Scheffer

Haben doch der Faust und das Gretchen dieses Malers im ersten Monat der Ausstellung die meiste Aufmerksamkeit auf sich gezogen, da die besten Werke von Delaroche und Robert erst späterhin aufgestellt wurden. Überdies, wer nie etwas von Scheffer gesehen, wird gleich frappiert von seiner Manier, die sich besonders in der Farbengebung ausspricht. Seine Feinde sagen ihm nach, er male nur mit Schnupftabak und grüner Seife. Ich weiß nicht, wie weit sie ihm unrecht tun. Seine braunen Schatten sind nicht selten sehr affektiert und verfehlen den in Rembrandtscher Weise beabsichtigten Lichteffekt. Seine Gesichter haben meistens jene fatale Couleur, die uns manchmal das eigene Gesicht verleiden konnte, wenn wir es, überwacht und verdrießlich, in jenen grünen Spiegeln erblickten, die man in alten Wirtshäusern, wo der Postwagen des Morgens stillehält, zu finden pflegt. Betrachtet man aber Scheffers Bilder etwas näher und länger, so befreundet man sich mit seiner Weise, man findet die Behandlung des Ganzen sehr poetisch, und man sieht, daß aus den trübsinnigen Farben ein lichtes Gemüt hervorbricht, wie Sonnenstrahlen aus Nebelwolken. Jene mürrisch gefegte, gewischte Malerei, jene todmüden Farben mit unheimlich vagen Umrissen sind in den Bildern von Faust und Gretchen sogar von gutem Effekt. Beide sind lebensgroße Kniestücke. Faust sitzt in einem mittelaltertümlichen roten Sessel, neben einem mit Pergamentbüchern bedeckten Tische, der seinem linken Arm, worin sein bloßes Haupt ruht, als Stütze dient. Den rechten Arm, mit der flachen Hand nach außen gekehrt, stemmt er gegen seine Hüfte. Gewand seifengrünlich blau. Das Gesicht fast Profil und schnupftabaklich fahl die Züge desselben streng edel. Trotz der kranken Mißfarbe, der gehöhlten Wangen, der Lippen Welkheit, der eingedrückten Zerstörnis trägt dieses Gesicht dennoch die Spuren seiner ehemaligen Schönheit, und indem die Augen ihr holdwehmütiges Licht darüber hingießen, sieht es aus wie eine schöne Ruine, die der Mond beleuchtet. Ja, dieser Mann ist eine schöne Menschenruine, in den Falten über diesen verwitterten Augbraunen brüten fabelhaft gelahrte Eulen, und hinter dieser Stirne lauern böse Gespenster; um Mitternacht öffnen sich dort die Gräber verstorbener Wünsche, bleiche Schatten dringen hervor, und durch die öden Hirnkammern schleicht, wie mit gebundenen Füßen, Gretchens Geist. Das ist eben das Verdienst des Malers, daß er uns nur den Kopf eines Mannes gemalt hat und daß der bloße Anblick desselben uns die Gefühle und Gedanken mitteilt, die sich in des Mannes Hirn und Herzen bewegen. Im Hintergrunde, kaum sichtbar und ganz grün, widerwärtig grün gemalt, erkennt man auch den Kopf des Mephistopheles, des bösen Geistes, des Vaters der Lüge, des Fliegengottes, des Gottes der grünen Seife.

Gretchen ist ein Seitenstück von gleichem Werte. Sie sitzt ebenfalls auf einem gedämpft roten Sessel, das ruhende Spinnrad mit vollem Wocken zur Seite; in der Hand hält sie ein aufgeschlagenes Gebetbuch, worin sie nicht liest und worin ein verblichen buntes Muttergottesbildchen hervortröstet. Sie hält das Haupt gesenkt, so daß die größere Seite des Gesichtes, das ebenfalls fast Profil, gar seltsam beschattet wird. Es ist, als ob des Faustes nächtliche Seele ihren Schatten werfe über das Antlitz des stillen Mädchens. Die beiden Bilder hingen nahe nebeneinander, und es war um so bemerkbarer, daß auf dem des Faustes aller Lichteffekt dem Gesichte gewidmet worden, daß hingegen auf Gretchens Bild weniger das Gesicht und desto mehr dessen Umrisse beleuchtet sind. Letzteres erhielt dadurch noch etwas unbeschreibbar Magisches. Gretchens Mieder ist saftig grün, ein schwarzes Käppchen bedeckt ihre Scheitel, aber ganz spärlich, und von beiden Seiten dringt ihr schlichtes, goldgelbes Haar um so glänzender hervor. Ihr Gesicht bildet ein rührend edles Oval, und die Züge desselben sind von einer Schönheit, die sich selbst verbergen möchte aus Bescheidenheit. Sie ist die Bescheidenheit selbst, mit ihren lieben blauen Augen. Es zieht eine stille Träne über die schöne Wange, eine stumme Perle der Wehmut. Sie ist zwar Wolfgang Goethes Gretchen, aber sie hat den ganzen Friedrich Schiller gelesen, und sie ist viel mehr sentimental als naiv und viel mehr schwer idealisch als leicht graziös. Vielleicht ist sie zu treu und zu ernsthaft, um graziös sein zu können, denn die Grazie besteht in der Bewegung. Dabei hat sie etwas so Verläßliches, so Solides, so Reelles wie ein barer Louisdor, den man noch in der Tasche hat. Mit einem Wort, sie ist ein deutsches Mädchen, und wenn man ihr tief hineinschaut in die melancholischen

Veilchen, so denkt man an Deutschland, an duftige Lindenbäume, an Höltys Gedichte, an den steinernen Roland vor dem Rathaus, an den alten Konrektor, an seine rosige Nichte, an das Forsthaus mit den Hirschgeweihen, an schlechten Tabak und gute Gesellen, an Großmutters Kirchhofgeschichten, an treuherzige Nachtwächter, an Freundschaft, an erste Liebe und allerlei andere süße Schnurrpfeifereien. – Wahrlich, Scheffers Gretchen kann nicht beschrieben werden. Sie hat mehr Gemüt als Gesicht. Sie ist eine gemalte Seele. Wenn ich bei ihr vorüberging, sagte ich immer unwillkürlich: »Liebes Kind!«

Leider finden wir Scheffers Manier in allen seinen Bildern, und wenn sie seinem Faust und Gretchen angemessen ist, so mißfällt sie uns gänzlich bei Gegenständen, die eine heitere, klare, farbenglühende Behandlung erforderten, z.B. bei einem kleinen Gemälde, worauf tanzende Schulkinder. Mit seinen gedämpften, freudlosen Farben hat uns Scheffer nur einen Rudel kleiner Gnomen dargestellt. Wie bedeutend auch sein Talent der Porträtierung ist, ja, wie sehr ich hier seine Originalität der Auffassung rühmen muß, so sehr widersteht mir auch hier seine Farbengebung. Es gab aber ein Porträt im Salon, wofür eben die Scheffersche Manier ganz geeignet war. Nur mit diesen unbestimmten, gelogenen, gestorbenen, charakterlosen Farben konnte der Mann gemalt werden, dessen Ruhm darin besteht, daß man auf seinem Gesichte nie seine Gedanken lesen konnte, ja, daß man immer das Gegenteil darauf las. Es ist der Mann, dem wir hinten Fußtritte geben könnten, ohne daß vorne das stereotype Lächeln von seinen Lippen schwände. Es ist der Mann, der vierzehn falsche Eide geschworen und dessen Lügentalente von allen aufeinanderfolgenden Regierungen Frankreichs benutzt wurden, wenn irgendeine tödliche Perfidie ausgeübt werden sollte, so daß er an jene alte Giftmischerin erinnert, an jene Lokusta, die, wie ein frevelhaftes Erbstück, im Hause des Augustus lebte und schweigend und sicher dem einen Cäsar nach dem andern und dem einen gegen den andern zu Dienste stand mit ihrem diplomatischen Tränklein. Wenn ich vor dem Bilde des falschen Mannes stand, den Scheffer so treu gemalt, dem er mit seinen Schierlingsfarben sogar die vierzehn falschen Eide ins Gesicht hineingemalt, dann durchfröstelte mich der Gedanke: wem gilt wohl seine neueste Mischung in London?

Scheffers Heinrich IV. und Ludwig Philipp I., zwei Reitergestalten in Lebensgröße, verdienen jedenfalls eine besondere Erwähnung. Ersterer, le roi par droit de conquête et par droit de naissance, hat vor meiner Zeit gelebt; ich weiß nur, daß er einen Henri-quatre getragen, und ich kann nicht bestimmen, inwieweit er getroffen ist. Der andere, le roi des barricades, le roi par la grâce du peuple souverain, ist mein

Zeitgenosse, und ich kann urteilen, ob sein Porträt ihm ähnlich sieht oder nicht. Ich sah letzteres, ehe ich das Vergnügen hatte, Se. Majestät den König selbst zu sehen, und ich gestehe, ich erkannte ihn dennoch nicht im ersten Augenblick. Ich sah ihn vielleicht in einem allzusehr erhöhten Seelenzustande, nämlich am ersten Festtage der jüngsten Revolutionsfeier, als er durch die Straßen von Paris einherritt, in der Mitte der jubelnden Bürgergarde und der Juliusdekorierten, die alle wie wahnsinnig die Parisienne und die Marseiller Hymne brüllten, auch mitunter die Carmagnole tanzten: Se. Majestät der König saß hoch zu Roß, halb wie ein gezwungener Triumphator, halb wie ein freiwilliger Gefangener, der einen Triumphzug zieren soll; ein entthronter Kaiser ritt symbolisch oder auch prophetisch an seiner Seite; seine beiden jungen Söhne ritten ebenfalls neben ihm, wie blühende Hoffnungen, und seine schwülstigen Wangen glühten hervor aus dem Walddunkel des großen Backenbarts, und seine süßlich grüßenden Augen glänzten vor Lust und Verlegenheit. Auf dem Schefferschen Bilde sieht er minder kurzweilig aus, ja fast trübe, als ritte er eben über die Place de Grève, wo sein Vater geköpft worden; sein Pferd scheint zu straucheln. Ich glaube, auf dem Schefferschen Bilde ist auch der Kopf nicht oben so spitz zulaufend wie beim erlauchten Originale, wo diese eigentümliche Bildung mich immer an das Volkslied erinnert:

> Es steht eine Tann' im tiefen Tal,
> Ist unten breit und oben schmal.

Sonst ist das Bild ziemlich getroffen, sehr ähnlich; doch diese Ähnlichkeit entdeckte ich erst, als ich den König selbst gesehen. Das scheint mir bedenklich, sehr bedenklich für den Wert der ganzen Schefferschen Porträtmalerei. Die Porträtmaler lassen sich nämlich in zwei Klassen einteilen. Die einen haben das wunderbare Talent, gerade diejenigen Züge aufzufassen und hinzumalen, die auch dem fremden Beschauer eine Idee von dem darzustellenden Gesichte geben, so daß er den Charakter des unbekannten Originals gleich begreift und letzteres, sobald er dessen ansichtig wird, gleich wiedererkennt. Bei den alten Meistern, vornehmlich bei Holbein, Tizian und van Dyck, finden wir solche Weise, und in ihren Porträten frappiert uns jene Unmittelbarkeit, die uns die Ähnlichkeit derselben mir den längst verstorbenen Originalen so lebendig zusichert. »Wir möchten darauf schwören, daß diese Porträte getroffen sind!« sagen wir dann unwillkürlich, wenn wir Galerien durchwandeln. Eine zweite Weise der Porträtmalerei finden wir namentlich bei englischen und französischen

Malern, die nur das leichte Wiedererkennen beabsichtigen und nur jene Züge auf die Leinwand werfen, die uns das Gesicht und den Charakter des wohlbekannten Originals ins Gedächtnis zurückrufen. Diese Maler arbeiten eigentlich für die Erinnerung, und sie sind überaus beliebt bei wohlerzogenen Eltern und zärtlichen Eheleuten, die uns ihre Gemälde nach Tische zeigen und uns nicht genug versichern können, wie gar niedlich der liebe Kleine getroffen war, ehe er die Würmer bekommen, oder wie sprechend ähnlich der Herr Gemahl ist den wir noch nicht die Ehre haben zu kennen und dessen Bekanntschaft uns noch bevorsteht, wenn er von der Braunschweiger Messe zurückkehrt.

Scheffers »Leonore« ist in Hinsicht der Farbengebung weit ausgezeichneter als seine übrigen Stücke. Die Geschichte ist in die Zeit der Kreuzzüge verlegt, und der Maler gewann dadurch Gelegenheit zu brillanteren Kostümen und überhaupt zu einem romantischen Kolorit. Das heimkehrende Heer zieht vorüber, und die arme Leonore vermißt darunter ihren Geliebten. Es herrscht in dem ganzen Bilde eine sanfte Melancholie, nichts läßt den Spuk der künftigen Nacht vorausahnen. Aber ich glaube eben, weil der Maler die Szene in die fromme Zeit der Kreuzzüge verlegt hat, wird die verlassene Leonore nicht die Gottheit lästern, und der tote Reuter wird sie nicht abholen. Die Bürgersche Leonore lebte in einer protestantischen, skeptischen Periode, und ihr Geliebter zog in den Siebenjährigen Krieg, um Schlesien für den Freund Voltaires zu erkämpfen. Die Scheffersche Leonore lebte hingegen in einem katholischen gläubigen Zeitalter, wo Hunderttausende, begeistert von einem religiösen Gedanken, sich ein rotes Kreuz auf den Rock nähten und als Pilgerkrieger nach dem Morgenlande wanderten, um dort ein Grab zu erobern. Sonderbare Zeit! Aber, wir Menschen, sind wir nicht alle Kreuzritter, die wir mit allen unseren mühseligsten Kämpfen am Ende nur ein Grab erobern? Diesen Gedanken lese ich auf dem edlen Gesichte des Ritters, der von seinem hohen Pferde herab so mitleidig auf die trauernde Leonore niederschaut. Diese lehnt ihr Haupt an die Schulter der Mutter. Sie ist eine trauernde Blume, sie wird welken, aber nicht lästern. Das Scheffersche Gemälde ist eine schöne, musikalische Komposition; die Farben klingen darin so heiter trübe wie ein wehmütiges Frühlingslied.

Die übrigen Stücke von Scheffer verdienen keine Beachtung. Dennoch gewannen sie vielen Beifall, während manch besseres Bild von minder ausgezeichneten Malern unbeachtet blieb. So wirkt der Name des Meisters. Wenn Fürsten einen böhmischen Glasstein am Finger tragen, wird man ihn für einen Diamanten halten, und trüge ein

Bettler auch einen echten Diamantring so würde man doch meinen, es sei eitel Glas.

Die oben angestellte Betrachtung leitet mich auf

Horace Vernet

Der hat auch nicht mit lauter echten Steinen den diesjährigen Salon geschmückt. Das vorzüglichste seiner ausgestellten Gemälde war eine Judith, die im Begriff steht, den Holofernes zu töten. Sie hat sich eben vom Lager desselben erhoben, ein blühend schlankes Mädchen. Ein violettes Gewand, um die Hüften hastig geschürzt, geht bis zu ihren Füßen hinab; oberhalb des Leibes trägt sie ein blaßgelbes Unterkleid, dessen Ärmel von der rechten Schulter herunterfällt und den sie mit der linken Hand, etwas metzgerhaft und doch zugleich bezaubernd zierlich, wieder in die Höhe streift; denn mit der rechten Hand hat sie eben das krumme Schwert gezogen gegen den schlafenden Holofernes. Da steht sie, eine reizende Gestalt, an der eben überschrittenen Grenze der Jungfräulichkeit, ganz gottrein und doch weltbefleckt, wie eine entweihte Hostie. Ihr Kopf ist wunderbar anmutig und unheimlich liebenswürdig; schwarze Locken, wie kurze Schlangen, die nicht herabflattern, sondern sich bäumen, furchtbar graziös. Das Gesicht ist etwas beschattet, und süße Wildheit, düstere Holdseligkeit und sentimentaler Grimm rieselt durch die edlen Züge der tödlichen Schönen. Besonders in ihrem Auge funkelt süße Grausamkeit und die Lüsternheit der Rache; denn sie hat auch den eignen beleidigten Leib zu rächen an dem häßlichen Heiden. In der Tat, dieser ist nicht sonderlich liebreizend, aber im Grunde scheint er doch ein bon enfant zu sein. Er schläft so gutmütig in der Nachwonne seiner Beseligung; er schnarcht vielleicht, oder, wie Luise sagt, er schläft laut; seine Lippen bewegen sich noch, als wenn sie küßten; er lag noch eben im Schoße des Glücks, oder vielleicht lag auch das Glück in seinem Schoße; und trunken von Glück und gewiß auch von Wein, ohne Zwischenspiel von Qual und Krankheit, sendet ihn der Tod durch seinen schönsten Engel in die weiße Nacht der ewigen Vernichtung. Welch ein beneidenswertes Ende! Wenn ich einst sterben soll, ihr Götter, laßt mich sterben wie Holofernes!

Ist es Ironie von Horace Vernet, daß die Strahlen der Frühsonne auf den Schlafenden gleichsam verklärend hereinbrechen und daß eben die Nachtlampe erlischt?

Minder durch Geist als vielmehr durch kühne Zeichnung und Farbengebung empfiehlt sich ein anderes Gemälde von Vernet, welches den jetzigen Papst vorstellt. Mit der goldenen dreifachen Krone auf dem Haupte, gekleidet mit einem goldgestickten weißen Gewande, auf einem goldenen Stuhle sitzend, wird der Knecht der Knechte Gottes in der Peterskirche herumgetragen. Der Papst selbst, obgleich rotwangig, sieht schwächlich aus, fast verbleichend in dem weißen Hintergrund von Weihrauchdampf und weißen Federwedeln, die über ihn hingehalten werden. Aber die Träger des päpstlichen Stuhles sind stämmige, charaktervolle Gestalten, in karmoisinroten Livreen, die schwarzen Haare herabfallend über die gebräunten Gesichter. Es kommen nur drei davon zum Vorschein, aber sie sind vortrefflich gemalt. Dasselbe läßt sich rühmen von den Kapuzinern, deren Häupter nur, oder vielmehr deren gebeugte Hinterhäupter mit den breiten Tonsuren, im Vordergrunde sichtbar werden. Aber eben die verschwimmende Unbedeutenheit der Hauptperson und das bedeutende Hervortreten der Nebenpersonen ist ein Fehler des Bildes. Letztere haben mich durch die Leichtigkeit, womit sie hingeworfen sind, und durch ihr Kolorit an den Paul Veronese erinnert. Nur der venezianische Zauber fehlt, jene Farbenpoesie, die, gleich dem Schimmer der Lagunen, nur oberflächlich ist, aber dennoch die Seele so wunderbar bewegt.

In Hinsicht der kühnen Darstellung und der Farbengebung hat sich ein drittes Bild von Horace Vernet vielen Beifall erworben. Es ist die Arretierung der Prinzen Condé, Conti und Longueville. Der Schauplatz ist eine Treppe des Palais Royal, und die arretierten Prinzen steigen herab, nachdem sie eben auf Befehl Annens von Österreich ihre Degen abgegeben. Durch dieses Herabsteigen behält fast jede Figur ihren ganzen Umriß. Condé ist der erste, auf der untersten Stufe; er hält sinnend seinen Knebelbart in der Hand, und ich weiß, was er denkt. Von der obersten Stufe der Treppe kommt ein Offizier herab, der die Degen der Prinzen unterm Arme trägt. Es sind drei Gruppen, die natürlich entstanden und natürlich zusammengehören. Nur wer eine sehr hohe Stufe in der Kunst erstiegen, hat solche Treppenideen.

Zu den weniger bedeutenden Bildern von Horace Vernet gehört ein Camille Desmoulins, der im Garten des Palais Royal auf eine Bank steigt und das Volk haranguiert. Mit der linken Hand reift er ein grünes Blatt von einem Baume, in der rechten hält er eine Pistole. Armer Camille! dein Mut war nicht höher als diese Bank, und da wolltest du stehenbleiben, und du schautest dich um. »Vorwärts, immer vorwärts!« ist aber das Zauberwort, das die Revolutionäre aufrechterhalten kann; – bleiben sie stehen und schauen sie sich um, dann sind sie verloren, wie Eurydike, als sie, dem Saitenspiel des Gemahls folgend, nur einmal zurückschaute in die Greuel der Unterwelt. Armer Camille! armer Bursche! das waren die lustigen Flegeljahre der Freiheit, als du auf die Bank sprangest und dem Despotismus die Fenster einwarfest und Laternenwitze rissest; der Spaß wurde nachher sehr trübe, die Füchse der Revolution wurden bemooste Häupter, denen die Haare zu Berge stiegen, und du hörtest schreckliche Töne neben dir erklingen, und hinter dir, aus dem Schattenreich, riefen dich die Geisterstimmen der Gironde, und du schautest dich um.

In Hinsicht der Kostüme von 1789 war dieses Bild ziemlich interessant. Da sah man sie noch, die gepuderten Frisuren, die engen Frauenkleider, die erst bei den Hüften sich bauschten, die buntgestreiften Fräcke, die kutscherlichen Oberröcke mit kleinen Kräglein, die zwei Uhrketten, die parallel über dem Bauche hängen, und gar jene terroristischen Westen mit breitaufgeschlagenen Klappen, die bei der republikanischen Jugend in Paris jetzt wieder in Mode gekommen sind und gilets à la Robespierre genannt werden. Robespierre selbst ist ebenfalls auf dem Bilde zu sehen, auffallend durch seine sorgfältige Toilette und sein geschmiegeltes Wesen. In der Tat, sein Äußeres war immer schmuck und blank, wie das Beil einer Guillotine; aber auch sein Inneres, sein Herz, war uneigennützig, unbestechbar und konsequent wie das Beil einer Guillotine. Diese unerbittliche Strenge war jedoch nicht Gefühllosigkeit, sondern Tugend, gleich der Tugend des Junius Brutus, die unser Herz verdammt und die unsere Vernunft mit Entsetzen bewundert. Robespierre hatte sogar eine besondere Vorliebe für Desmoulins, seinen Schulkameraden, den er hinrichten ließ, als dieser Fanfaron de la liberté eine unzeitige Mäßigung predigte und staatsgefährliche Schwächen beförderte. Während Camilles Blut auf der Grève floß, flossen vielleicht in einsamer Kammer die Tränen des Maximilian. Dies soll keine banale Redensart sein. Unlängst sagte mir ein Freund, daß ihm Bourdon de l'Oise erzählt habe: er sei einst in das Arbeitszimmer des Comité du salut public gekommen, als dort Robespierre ganz allein, in sich selbst versunken, über seinen Akten saß und bitterlich weinte.

Ich übergehe die übrigen noch minder bedeutenden Gemälde von Horace Vernet, dem vielseitigsten Maler, der alles malt, Heiligenbilder, Schlachten, Stilleben, Bestien, Landschaften, Porträte, alles flüchtig, fast pamphletartig.

Ich wende mich zu

der ein Bild geliefert, vor welchem ich immer einen großen Volkshaufen stehen sah und das ich also zu denjenigen Gemälden zähle, denen die meiste Aufmerksamkeit zuteil worden. Die Heiligkeit des Sujets erlaubt keine strenge Kritik des Kolorits, welche vielleicht mißlich ausfallen könnte. Aber trotz etwaniger Kunstmängel atmet in dem Bilde ein großer Gedanke, der uns wunderbar entgegenweht. Eine Volksgruppe während den Juliustagen ist dargestellt, und in der Mitte, beinahe wie eine allegorische Figur, ragt hervor ein jugendliches Weib, mit einer roten phrygischen Mütze auf dem Haupte, eine Flinte in der einen Hand und in der andern eine dreifarbige Fahne. Sie schreitet dahin über Leichen, zum Kampfe auffordernd, entblößt bis zur Hüfte, ein schöner, ungestümer Leib, das Gesicht ein kühnes Profil, frecher Schmerz in den Zügen, eine seltsame Mischung von Phryne, Poissarde und Freiheitsgöttin. Daß sie eigentlich letztere bedeuten solle, ist nicht ganz bestimmt ausgedrückt, diese Figur scheint vielmehr die wilde Volkskraft, die eine fatale Bürde abwirft, darzustellen. Ich kann nicht umhin zu gestehen, diese Figur erinnert mich an jene peripatetischen Philosophinnen, an jene Schnelläuferinnen der Liebe oder Schnelliebende, die des Abends auf den Boulevards umherschwärmen; ich gestehe, daß der kleine Schornsteinkupido, der, mit einer Pistole in jeder Hand, neben dieser Gassenvenus steht, vielleicht nicht allein von Ruß beschmutzt ist; daß der Pantheonskandidat, der tot auf dem Boden liegt, vielleicht den Abend vorher mit Kontermarken des Theaters gehandelt; daß der Held, der mit seinem Schießgewehr hinstürmt, in seinem Gesichte die Galeere und in seinem häßlichen Rock gewiß noch den Duft des Assisenhofes trägt; – aber das ist es eben, ein großer Gedanke hat diese gemeinen Leute, diese Krapüle, geadelt und geheiligt und die entschlafene Würde in ihrer Seele wieder aufgeweckt.

Heilige Julitage von Paris! ihr werdet ewig Zeugnis geben von dem Uradel der Menschen, der nie ganz zerstört werden kann. Wer euch erlebt hat, der jammert nicht mehr auf den alten Gräbern, sondern freudig glaubt er jetzt an die Auferstehung der Völker. Heilige Julitage! wie schön war die Sonne und wie groß war das Volk von Paris! Die Götter im Himmel, die dem großen Kampfe zusahen, jauchzten vor Bewunderung, und sie wären gerne aufgestanden von ihren goldenen Stühlen und wären gerne zur Erde herabgestiegen, um Bürger zu werden von Paris! Aber neidisch, ängstlich, wie sie sind, fürchteten sie am Ende, daß die Menschen zu hoch und zu herrlich emporblühen möchten, und durch ihre willigen Priester suchten sie »das Glänzende zu schwärzen und das Erhabene in den Staub zu ziehn«, und sie stifteten die belgische Rebellion, das de Pottersche Viehstück. Es ist dafür gesorgt, daß die Freiheitsbäume nicht in den Himmel hineinwachsen.

Auf keinem von allen Gemälden des Salons ist so sehr die Farbe eingeschlagen wie auf Delacroix' Julirevolution. Indessen, eben diese Abwesenheit von Firnis und Schimmer, dabei der Pulverdampf und Staub, der die Figuren wie graues Spinnweb bedeckt, das sonnengetrocknete Kolorit, das gleichsam nach einem Wassertropfen lechzt, alles dieses gibt dem Bilde eine Wahrheit, eine Wesenheit, eine Ursprünglichkeit, und man ahnt darin die wirkliche Physiognomie der Julitage.

Unter den Beschauern waren so manche, die damals entweder mitgestritten oder doch wenigstens zugesehen hatten, und diese konnten das Bild nicht genug rühmen. »Mâtin«, rief ein Epicier, »diese Gamins haben sich wie Riesen geschlagen!« Eine junge Dame meinte, auf dem Bilde fehle der polytechnische Schüler, wie man ihn sehe auf allen andern Darstellungen der Julirevolution, deren sehr viele, über vierzig Gemälde, ausgestellt waren.

»Papa!« rief eine kleine Karlistin, »wer ist die schmutzige Frau mit der roten Mütze?« – »Nun freilich«, spöttelte der noble Papa mit einem süßlich zerquetschten Lächeln, »nun freilich, liebes Kind, mit der Reinheit der Lilien hat sie nichts zu schaffen. Es ist die Freiheitsgöttin.« – »Papa, sie hat auch nicht einmal ein Hemd an.« – »Eine wahre Freiheitsgöttin, liebes Kind, hat gewöhnlich kein Hemd und ist daher sehr erbittert auf alle Leute, die weiße Wäsche tragen.«

Bei diesen Worten zupfte der Mann seine Manschetten etwas tiefer über die langen müßigen Hände und sagte zu seinem Nachbar: »Eminenz! wenn es den Republikanern heut an der Pforte St. Denis gelingt, daß eine alte Frau von den Nationalgarden totgeschossen wird, dann tragen sie die heilige Leiche auf den Boulevards herum, und das Volk wird rasend, und wir haben dann eine neue Revolution.« – »Tant mieux!« flüsterte die Eminenz, ein hagerer, zugeknöpfter Mensch, der sich in weltliche Tracht vermummt, wie jetzt von allen Priestern in Paris geschieht, aus Furcht vor öffentlicher Verhöhnung, vielleicht auch des bösen Gewissens halber; »tant mieux, Marquis! wenn nur recht viele Greuel geschehen, damit das Maß wieder voll wird! Die Revolution verschluckt dann wieder ihre eignen Anstifter, besonders jene eitlen Bankiers, die sich gottlob jetzt schon ruiniert haben.« – »Ja, Eminenz, sie wollten uns à tout prix vernichten, weil wir sie nicht in unsere Salons aufgenommen; das ist das Geheimnis der Julirevolution, und da wurde Geld verteilt an die Vorstädter, und die Arbeiter wurden von den Fabrikherrn entlassen, und Weinwirte wurden bezahlt, die umsonst Wein schenkten und noch Pulver hineinmischten, um den Pöbel zu erhitzen, et du reste, c'était le soleil!«

Der Marquis hat vielleicht recht: es war die Sonne. Zumal im Monat Juli hat die Sonne immer am gewaltigsten mit ihren Strahlen die Herzen der Pariser entflammt, wenn die Freiheit bedroht war, und sonnentrunken erhob sich dann das Volk von Paris gegen die morschen Bastillen und Ordonnanzen der Knechtschaft. Sonne und Stadt verstehen sich wunderbar, und sie lieben sich. Ehe die Sonne des Abends ins Meer hinabsteigt, verweilt ihr Blick noch lange mit Wohlgefallen auf der schönen Stadt Paris, und mit ihren letzten Strahlen küßt sie die dreifarbigen Fahnen auf den Türmen der schönen Stadt Paris. Mit Recht hatte ein französischer Dichter den Vorschlag gemacht, das Julifest durch eine symbolische Vermählung zu feiern: und wie einst der Doge von Venedig jährlich den goldenen Bukentauro bestiegen, um die herrschende Venezia mit dem Adriatischen Meere zu vermählen, so solle alljährlich auf dem Bastillenplatze die Stadt Paris sich vermählen mit der Sonne, dem großen, flammenden Glücksstern ihrer Freiheit. Casimir Périer hat diesen Vorschlag nicht goutiert, er fürchtet den Polterabend einer solchen Hochzeit, er fürchtet die allzu starke Hitze einer solchen Ehe, und er bewilligt der Stadt Paris höchstens eine morganatische Verbindung mit der Sonne.

Doch ich vergesse, daß ich nur Berichterstatter einer Ausstellung bin. Als solcher gelange ich jetzt zur Erwähnung eines Malers, der, indem er die allgemeine Aufmerksamkeit erregte, zu gleicher Zeit mich selber so sehr ansprach, daß seine Bilder mir nur wie buntes Echo der eignen Herzensstimme erschienen, oder vielmehr, daß die wahlverwandten Farbentöne in meinem Herzen wunderklar widerklangen.

Decamps

heißt der Maler, der solchen Zauber auf mich ausübte. Leider habe ich eins seiner besten Werke, das »Hundehospital«, gar nicht gesehen. Es war schon fortgenommen, als ich die Ausstellung besuchte. Einige andere gute Stücke von ihm entgingen mir, weil ich sie aus der großen Menge nicht herausfinden konnte, ehe sie ebenfalls fortgenommen wurden. Ich erkannte aber gleich von selbst, daß Decamps ein großer Maler sei, als ich zuerst ein kleines Bild von ihm sah, dessen Kolorit und Einfachheit mich seltsam frappierten. Es stellte nur ein türkisches Gebäude vor, weiß und hochgebaut, hie und da eine kleine Fensterluke, wo ein Türkengesicht hervorlauscht, unten ein stilles Wasser, worin sich die Kreidewände mit ihren rötlichen Schatten abspiegeln, wunderbar ruhig. Nachher erfuhr ich, daß Decamps selbst in der Türkei gewesen und daß es nicht bloß sein originelles Kolorit war, was mich so sehr frappiert, sondern auch die Wahrheit, die sich mit getreuen und bescheidenen Farben in seinen Bildern des Orients ausspricht. Dieses geschieht ganz besonders in seiner »Patrouille«. In diesem Gemälde erblicken wir den großen Hadji-Bey, Oberhaupt der Polizei zu Smyrna, der mit seinen Myrmidonen durch diese Stadt die Runde macht. Er sitzt schwammbauchig hoch zu Roß, in aller Majestät seiner Insolenz, ein beleidigend arrogantes, unwissend stockfinsteres Gesicht, das von einem weißen Turban überschildet wird in den Händen hält er das Zepter des absoluten Bastonadentums, und neben ihm, zu Fuß, laufen neun getreue Vollstrecker seines Willens quand même, hastige Kreaturen mit kurzen, magern Beinen und fast tierischen Gesichtern, katzenhaft, ziegenböcklich, äffisch, ja, eins derselben bildet eine Mosaik von Hundeschnauze, Schweinsaugen, Eselsohren, Kalbslächeln und Hasenangst. In den Händen tragen sie nachlässige Waffen, Piken, Flinten, die Kolbe nach oben, auch Werkzeuge der Gerechtigkeitspflege, nämlich einen Spieß und ein Bündel Bambusstöcke. Da die Häuser, an denen der Zug vorbeikommt, kalkweiß sind und der Boden lehmig gelb ist, so macht es fast den Effekt eines chinesischen Schattenspiels, wenn, man die dunkeln putzigen Figuren längs dem hellen Hintergrund und über einen hellen Vorgrund dahineilen sieht. Es ist lichte Abenddämmerung, und die seltsamen Schatten der magern Menschen- und Pferdebeine verstärken die barock magische Wirkung. Auch rennen die Kerls mit so drolligen Kapriolen, mit so unerhörten Sprüngen, auch das Pferd wirft die Beine so närrisch geschwinde, laß es halb auf dem Bauch zu kriechen und halb zu fliegen scheint – : und das alles haben einige hiesige Kritiker am meisten getadelt und als Unnatürlichkeit und Karikatur verworfen.

Auch Frankreich hat seine stehenden Kunstrezensenten, die nach alten vorgefaßten Regeln jedes neue Werk bekritteln, seine Oberkenner, die in den Ateliers herumschnüffeln und Beifall lächeln, wenn man ihre Marotte kitzelt, und diese haben nicht ermangelt, über Decamps' Bild ihr Urteil zu fällen. Ein Herr Jal, der über jede Ausstellung eine Broschüre ediert, hat sogar nachträglich im »Figaro« jenes Bild zu schmähen gesucht, und er meint die Freunde desselben zu persiflieren, wenn er scheinbar demütigst gesteht: er sei nur ein Mensch, der nach Verstandesbegriffen urteile, und sein armer Verstand könne in dem Decampsschen Bilde nicht das große Meisterwerk sehen, das von jenen Überschwenglichen, die nicht bloß mit dem Verstande erkennen, darin erblickt wird. Der arme Schelm, mit seinem armen Verstande! Er weiß nicht, wie richtig er sich selbst gerichtet! Dem armen Verstande gebührt wirklich niemals die erste Stimme, wenn über Kunstwerke geurteilt wird, ebensowenig als er bei der Schöpfung derselben jemals die erste Rolle gespielt hat. Die Idee des Kunstwerks steigt aus dem Gemüte, und dieses verlangt bei der Phantasie die verwirklichende Hülfe. Die Phantasie wirft ihm dann alle ihre Blumen entgegen, verschüttet fast die Idee und würde sie eher töten als beleben, wenn nicht der Verstand heranhinkte und die überflüssigen Blumen beiseite schöbe oder mit seiner blanken Gartenschere abmähte. Der Verstand übt nur Ordnung, sozusagen die Polizei im Reiche der Kunst. Im Leben ist er meistens ein kalter Kalkulator, der unsere Torheiten addiert; ach! manchmal ist er nur der Fallitenbuchhalter des gebrochenen Herzens, der das Defizit ruhig ausrechnet.

Der große Irrtum besteht immer darin, daß der Kritiker die Frage aufwirft: was soll der Künstler? Viel richtiger wäre die Frage: was will der Künstler, oder gar, was muß der Künstler? Die Frage, was soll der Künstler? entstand durch jene Kunstphilosophen, die, ohne eigene Poesie, sich Merkmale der verschiedenen Kunstwerke abstrahierten, nach dem Vorhandenen eine Norm für alles Zukünftige feststellten und Gattungen schieden und Definitionen und Regeln ersannen. Sie wußten nicht, daß alle solche Abstraktionen nur allenfalls zur Beurteilung des Nachahmervolks nützlich sind, daß aber jeder Originalkünstler und gar jedes neue Kunstgenie nach seiner eigenen mitgebrachten Ästhetik beurteilt werden muß. Regeln und sonstige alte Lehren sind bei solchen Geistern noch viel weniger anwendbar. Für junge Riesen, wie Menzel sagt, gibt es keine Fechtkunst, denn sie schlagen ja doch alle Paraden durch. Jeder Genius muß studiert und nur nach dem beurteilt werden, was er selbst will. Hier gilt nur die Beantwortung der Fragen: Hat er die Mittel, seine Idee auszuführen? Hat er die richtigen Mittel angewendet? Hier ist fester Boden. Wir modeln nicht mehr an der fremden Erscheinung nach unsern subjektiven Wünschen, sondern wir verständigen uns über die gottgegebenen Mittel, die dem Künstler zu Gebote stehen bei der Veranschaulichung seiner Idee. In den rezitierenden Künsten bestehen diese Mittel in Tönen und Worten. In den darstellenden Künsten bestehen sie in Farben und Formen. Töne und Worte, Farben und Formen, das Erscheinende überhaupt sind jedoch nur Symbole der Idee, Symbole, die in dem Gemüte des Künstlers aufsteigen, wenn es der heilige Weltgeist bewegt, seine Kunstwerke sind nur Symbole, wodurch er andern Gemütern seine eigenen Ideen mitteilt. Wer mit den wenigsten und einfachsten Symbolen das meiste und Bedeutendste ausspricht, der ist der größte Künstler.

Es dünkt mir aber des höchsten Preises wert, wenn die Symbole, womit der Künstler seine Idee ausspricht, abgesehen von ihrer innern Bedeutsamkeit, noch außerdem an und für sich die Sinne erfreuen, wie Blumen eines Selams, die, abgesehen von ihrer geheimen Bedeutung, auch an und für sich blühend und lieblich sind und verbunden zu einem schönen Strauße. Ist aber solche Zusammenstimmung immer möglich? Ist der Künstler so ganz willensfrei bei der Wahl und Verbindung seiner geheimnisvollen Blumen? Oder wählt und verbindet er nur, was er muß? Ich bejahe diese Frage einer mystischen Unfreiheit. Der Künstler gleicht jener schlafwandelnden Prinzessin, die des Nachts in den Gärten von Bagdad mit tiefer Liebesweisheit die sonderbarsten Blumen pflückte und zu einem Selam verband, dessen Bedeutung sie selbst gar nicht mehr wußte, als sie erwachte. Da saß sie nun des Morgens in ihrem Harem und betrachtete den nächtlichen Strauß und sann darüber nach, wie über einen vergessenen Traum, und schickte ihn endlich dem geliebten Kalifen. Der feiste Eunuch, der ihn überbrachte, ergötzte sich sehr an den hübschen Blumen, ohne ihre Bedeutung zu ahnen. Harun al Raschid aber, der Beherrscher der Gläubigen, der Nachfolger des Propheten, der Besitzer des salomonischen Rings, dieser erkannte gleich den Sinn des schönen Straußes, sein Herz jauchzte vor Freude, und er küßte jede Blume, und er lachte, daß ihm die Tränen herabliefen in den langen Bart.

Ich bin kein Nachfolger des Propheten und besitze auch nicht den Ring Salomonis und habe auch keinen langen Bart, aber ich darf dennoch behaupten, daß ich den schönen Selam, den uns Decamps aus dem Morgenlande mitgebracht, noch immer besser verstehe als alle Eunuchen mitsamt ihrem Kislar Aga, dem großen Oberkenner, dem vermittelnden Zwischenläufer im Harem der Kunst. Das Geschwätze solcher verschnittenen Kennerschaft wird mir nachgerade unerträglich, besonders die herkömmlichen Redensarten und der wohlgemeinte gute Rat für junge Künstler und gar das leidige Verweisen auf die Natur und wieder die liebe Natur.

In der Kunst bin ich Supernaturalist. Ich glaube, daß der Künstler nicht alle seine Typen in der Natur auffinden kann, sondern daß ihm die bedeutendsten Typen, als eingeborene Symbolik eingeborner Ideen, gleichsam in der Seele geoffenbart werden. Ein neuerer Ästhetiker, welcher »Italienische Forschungen« geschrieben, hat das alte Prinzip von der Nachahmung der Natur wieder mundgerecht zu machen gesucht, indem er behauptete, der bildende Künstler müsse alle seine Typen in der Natur finden. Dieser Ästhetiker hat, indem er solchen obersten Grundsatz für die bildenden Künste aufstellte, an eine der ursprünglichsten dieser Künste gar nicht gedacht, nämlich an die Architektur, deren Typen man jetzt in Waldlauben und Felsengrotten nachträglich hineingefabelt, die man aber gewiß dort nicht zuerst gefunden hat. Sie lagen nicht in der äußern Natur, sondern in der menschlichen Seele.

Dem Kritiker, der im Decampsschen Bilde die Natur vermißt und die Art, wie das Pferd des Hadji-Bey die Füße wirft und wie seine Leute laufen, als unnaturgemäß tadelt, dem kann der Künstler getrost antworten, daß er ganz märchentreu gemalt und ganz nach innerer Traumanschauung. In der Tat, wenn dunkle Figuren auf hellen Grund gemalt werden, erhalten sie schon dadurch einen visionären Ausdruck, sie scheinen vom Boden abgelöst zu sein und verlangen daher vielleicht etwas unmaterieller, etwas fabelhaft luftiger behandelt zu werden. Die Mischung des Tierischen mit dem Menschlichen in den Figuren auf dem Decampsschen Bilde ist noch außerdem ein Motiv zu ungewöhnlicher Darstellung; in solcher Mischung selbst liegt jener uralte Humor, den schon die Griechen und Römer in unzähligen Mißgebilden auszusprechen wußten, wie wir mit Ergötzen sehen auf den Wänden von Herkulanum und bei den Statuen der Satyren, Zentauren usw. Gegen den Vorwurf der Karikatur schützt aber den Künstler der Einklang seines Werks, jene deliziöse Farbenmusik, die zwar komisch, aber doch harmonisch klingt, der Zauber seines Kolorits. Karikaturmaler sind selten gute Koloristen, eben jener Gemütszerrissenheit wegen, die ihre Vorliebe zur Karikatur bedingt. Die Meisterschaft des Kolorits entspringt ganz eigentlich aus dem Gemüte des Malers und ist abhängig von der Einheit seiner Gefühle. Auf Hogarths Originalgemälden in der Nationalgalerie zu London sah ich nichts als bunte Kleckse, die gegeneinander losschrien, eine Emeute von grellen Farben.

Ich habe vergessen zu erwähnen, daß auf dem Decampsschen Bilde auch einige junge Frauenzimmer, unverschleierte Griechinnen, am Fenster sitzen und den drolligen Zug vorüberfliegen sehen. Ihre Ruhe und Schönheit bildet mit demselben einen ungemein reizenden Kontrast. Sie lächeln nicht, diese Impertinenz zu Pferde mit dem nebenherlaufenden Hundegehorsam ist ihnen ein gewohnter Anblick, und wir fühlen uns dadurch um so wahrhafter versetzt in das Vaterland des Absolutismus.

Nur der Künstler, der zugleich Bürger eines Freistaats ist, konnte mit heiterer Laune dieses Bild malen. Ein anderer als ein Franzose hätte stärker und bitterer die Farben aufgetragen, er hätte etwas

Berliner Blau hineingemischt oder wenigstens etwas grüne Galle, und der Grundton der Persiflage wäre verfehlt worden.

Damit mich dieses Bild nicht noch länger festhält, wende ich mich rasch zu einem Gemälde, worauf der Name

Lessore

zu lesen war und das durch seine wunderbare Wahrheit und durch einen Luxus von Bescheidenheit und Einfachheit jeden anzog. Man stutzte, wenn man vorbeiging. »Der kranke Bruder« ist es im Katalog verzeichnet. In einer ärmlichen Dachstube, auf einem ärmlichen Bette, liegt ein siecher Knabe und schaut mit flehenden Augen nach einem rohhölzernen Kruzifixe, das an der kahlen Wand befestigt ist. Zu seinen Füßen sitzt ein anderer Knabe, niedergeschlagenen Blicks, bekümmert und traurig. Sein kurzes Jäckchen und seine Höschen sind zwar reinlich, aber vielfältig geflickt und von ganz grobem Tuche. Die gelbe wollene Decke auf dem Bette und weniger die Möbel als vielmehr der Mangel derselben zeugen von banger Dürftigkeit. Dem Stoffe ganz anpassend ist die Behandlung. Diese erinnert zumeist an die Bettlerbilder des Murillo. Scharfgeschnittene Schatten, gewaltige, feste, ernste Striche, die Farben nicht geschwinde hingefegt, sondern ruhigkühn aufgelegt, sonderbar gedämpft und dennoch nicht trübe; den Charakter der ganzen Behandlung bezeichnet Shakespeare mit den Worten: the modesty of nature. Umgeben von brillanten Gemälden mit glänzenden Prachtrahmen, mußte dieses Stück um so mehr auffallen, da der Rahmen alt und von angeschwärztem Golde war, ganz übereinstimmend mit Stoff und Behandlung des Bildes. Solchermaßen konsequent in seiner ganzen Erscheinung und kontrastierend mit seiner ganzen Umgebung, machte dieses Gemälde einen tiefen melancholischen Eindruck auf jeden Beschauer und erfüllte die Seele mit jenem unnennbaren Mitleid, das uns zuweilen ergreift, wenn wir aus dem erleuchteten Saal einer heitern Gesellschaft plötzlich hinaustreten auf die dunkle Straße und von einem zerlumpten Mitgeschöpfe angeredet werden, das über Hunger und Kälte klagt. Dieses Bild sagt viel mit wenigen Strichen, und noch viel mehr erregt es in unserer Seele.

Schnetz

ist ein bekannterer Name. Ich erwähne ihn aber nicht mit so großem Vergnügen wie den vorhergehenden, der bis jetzt wenig in der Kunstwelt genannt worden. Vielleicht weil die Kunstfreunde schon bessere Werke von Schnetz gesehen, gewährten sie ihm viele Auszeichnung, und in Berücksichtigung derselben muß ich ihm auch in diesem Bericht einen Sperrsitz gönnen. Er malt gut, ist aber nach meinen Ansichten kein guter Maler. Sein großes Gemälde im diesjährigen Salon, italienische Landleute, die vor einem Madonnabilde um Wunderhülfe flehen, hat vortreffliche Einzelnheiten, besonders ein starrkrampfbehafteter Knabe ist vortrefflich gezeichnet, große Meisterschaft bekundet sich überall im Technischen; doch das ganze Bild ist mehr redigiert als gemalt, die Gestalten sind deklamatorisch in Szene gesetzt, und es ermangelt innerer Anschauung, Ursprünglichkeit und Einheit. Schnetz bedarf zu vieler Striche, um etwas zu sagen, und was er alsdann sagt, ist zum Teil überflüssig. Ein großer Künstler wird zuweilen ebensowohl wie ein mittelmäßiger etwas Schlechtes geben, aber niemals gibt er etwas Überflüssiges. Das hohe Streben, das große Wollen mag bei einem mittelmäßigen Künstler immerhin achtungswert sein, in seiner Erscheinung kann es jedoch sehr unerquicklich wirken. Eben die Sicherheit, womit er fliegt, gefällt uns so sehr bei dem hochfliegenden Genius; wir erfreuen uns seines hohen Flugs, je mehr wir von der gewaltigen Kraft seiner Flügel überzeugt sind, und vertrauungsvoll schwingt sich unsere Seele mit ihm hinauf in die reinste Sonnenhöhe der Kunst. Ganz anders ist uns zumute bei jenen Theatergenien, wo wir die Bindfäden erblicken, woran sie hinaufgezogen werden, so daß wir, jeden Augenblick den Sturz befürchtend, ihre Erhabenheit nur mit zitterndem Unbehagen betrachten. Ich will nicht entscheiden, ob die Bindfäden, woran Schnetz schwebt, zu dünn sind oder ob sein Genie zu schwer ist, nur soviel kann ich versichern, daß er meine Seele nicht erhoben hat, sondern herabgedrückt.

Ähnlichkeit in den Studien und in der Wahl der Stoffe hat Schnetz mit einem Maler, der oft deshalb mit ihm zusammen genannt wird, der aber in der diesjährigen Ausstellung nicht bloß ihn, sondern auch, mit wenigen Ausnahmen, alle seine Kunstgenossen überflügelt und auch, als Beurkundung der öffentlichen Anerkenntnis, bei der Preisverteilung das Offizierskreuz der Ehrenlegion erhalten hat.

L. Robert

heißt dieser Maler. Ist er ein Historienmaler oder ein Genremaler? höre ich die deutschen Zunftmeister fragen. Leider kann ich hier diese Frage nicht umgehen, ich muß mich über jene unverständigen Ausdrücke etwas verständigen, um den größten Mißverständnissen ein für allemal vorzubeugen. Jene Unterscheidung von Historie und

Genre ist so sinnverwirrend, daß man glauben sollte, sie sei eine Erfindung der Künstler, die am babylonischen Turme gearbeitet haben. Indessen ist sie von späterem Datum. In den ersten Perioden der Kunst gab es nur Historienmalerei, nämlich Darstellungen aus der heiligen Historie. Nachher hat man die Gemälde, deren Stoffe nicht bloß der Bibel, der Legende, sondern auch der profanen Zeitgeschichte und der heidnischen Götterfabel entnommen worden, ganz ausdrücklich mit dem Namen Historienmalerei bezeichnet, und zwar im Gegensatze zu jenen Darstellungen aus dem gewöhnlichen Leben, die namentlich in den Niederlanden aufkamen, wo der protestantische Geist die katholischen und mythologischen Stoffe ablehnte, wo für letztere vielleicht weder Modelle noch Sinn jemals vorhanden waren und wo doch so viele ausgebildete Maler lebten, die Beschäftigung wünschten, und so viele Freunde der Malerei, die gerne Gemälde kauften. Die verschiedenen Manifestationen des gewöhnlichen Lebens wurden alsdann verschiedene »Genres«.

Sehr viele Maler haben den Humor des bürgerlichen Kleinlebens bedeutsam dargestellt, doch die technische Meisterschaft wurde leider die Hauptsache. Alle diese Bilder gewinnen aber für uns ein historisches Interesse; denn wenn wir die hübschen Gemälde des Mieris, des Netscher, des Jan Steen, des van Dou, des van der Werff usw. betrachten, offenbart sich uns wunderbar der Geist ihrer Zeit, wir sehen sozusagen dem sechzehnten Jahrhundert in die Fenster und erlauschen damalige Beschäftigungen und Kostüme. In Hinsicht der letztern waren die niederländischen Maler ziemlich begünstigt, die Bauerntracht war nicht unmalerisch, und die Kleidung des Bürgerstandes war bei den Männern eine allerliebste Verbindung von niederländischer Behaglichkeit und spanischer Grandezza, bei den Frauen eine Mischung von bunten Allerweltsgrillen und einheimischem Phlegma. z.B. Mynheer mit dem burgundischen Samtmantel und dem bunten Ritterbarett hatte eine irdene Pfeife im Munde; Mifrow trug schwere schillernde Schleppenkleider von venezianischem Atlas, Brüsseler Kanten, afrikanische Straußfedern, russisches Pelzwerk, westöstliche Pantoffeln und hielt im Arm eine andalusische Mandoline oder ein braunzottiges Hondchen von Saardamer Rasse; der aufwartende Mohrenknabe, der türkische Teppich, die bunten Papageien, die fremländischen Blumen, die großen Silber- und Goldgeschirre mit getriebenen Arabesken, dergleichen warf auf das holländische Käseleben sogar einen orientalischen Märchenschimmer.

Als die Kunst, nachdem sie lange geschlafen, in unserer Zeit wieder erwachte, waren die Künstler in nicht geringer Verlegenheit ob der darzustellenden Stoffe. Die Sympathie für Gegenstände der heiligen

Historie und der Mythologie war in den meisten Ländern Europas gänzlich erloschen, sogar in katholischen Ländern, und doch schien das Kostüm der Zeitgenossen gar zu unmalerisch, um Darstellungen aus der Zeitgeschichte und aus dem gewöhnlichen Leben zu begünstigen. Unser moderner Frack hat wirklich so etwas Grundprosaisches, daß er nur parodistisch in einem Gemälde zu gebrauchen wäre. Die Maler, die ebenfalls dieser Meinung sind, haben sich daher nach malerischen Kostümen umgesehen. Die Vorliebe für ältere geschichtliche Stoffe mag hierdurch besonders befördert worden sein, und wir finden in Deutschland eine ganze Schule, der es freilich nicht an Talenten gebricht, die aber unablässig bemüht ist, die heutigsten Menschen mit den heutigsten Gefühlen in die Garderobe des katholischen und feudalistischen Mittelalters, in Kutten und Harnische, einzukleiden. Andere Maler haben ein anderes Auskunftsmittel versucht: zu ihren Darstellungen wählten sie Volksstämme, denen die herandrängende Zivilisation noch nicht ihre Originalität und ihre Nationaltracht abgestreift. Daher die Szenen aus dem Tiroler Gebirge, die wir auf den Gemälden der Münchener Maler so oft sehen. Dieses Gebirge liegt ihnen so nahe, und das Kostüm seiner Bewohner ist malerischer als das unserer Dandys. Daher auch jene freudigen Darstellungen aus dem italienischen Volksleben, das ebenfalls den meisten Malern sehr nahe ist, wegen ihres Aufenthaltes in Rom, wo sie jene idealische Natur und jene uredle Menschenformen und malerische Kostüme finden, wonach ihr Künstlerherz sich sehnt.

Robert, Franzose von Geburt, in seiner Jugend Kupferstecher, hat späterhin eine Reihe Jahre in Rom gelebt, und zu der eben erwähnten Gattung, zu Darstellungen aus dem italienischen Volksleben, gehören die Gemälde, die er dem diesjährigen Salon geliefert. »Er ist also ein Genremaler«, höre ich die Zunftmeister aussprechen, und ich kenne eine Frau Historienmalerin, die jetzt über ihn die Nase rümpft. Ich kann aber jene Benennung nicht zugeben, weil es, im alten Sinne, keine Historienmalerei mehr gibt. Es wäre gar zu vag, wenn man diesen Namen für alle Gemälde, die einen tiefen Gedanken aussprechen, in Anspruch nehmen wollte und sich dann bei jedem Gemälde herumstritte, ob ein Gedanke darin ist; ein Streit, wobei am Ende nichts gewonnen wird als ein Wort. Vielleicht wenn es in seiner natürlichsten Bedeutung, nämlich für Darstellungen aus der Weltgeschichte, gebraucht würde, wäre dieses Wort Historienmalerei ganz bezeichnend für eine Gattung, die jetzt so üppig emporwächst und deren Blüte schon erkennbar ist in den Meisterwerken von Delaroche.

Doch ehe ich letzteren besonders bespreche, erlaube ich mir noch einige flüchtige Worte über die Robertschen Gemälde. Es sind, wie ich schon angedeutet, lauter Darstellungen aus Italien, Darstellungen, die uns die Holdseligkeit dieses Landes aufs wunderbarste zur Anschauung bringen. Die Kunst, lange Zeit die Zierde von Italien, wird jetzt der Cicerone seiner Herrlichkeit, die sprechenden Farben des Malers offenbaren uns seine geheimsten Reize, ein alter Zauber wird wieder mächtig, und das Land, das uns einst durch seine Waffen und später durch seine Worte unterjochte, unterjocht uns jetzt durch seine Schönheit. Ja, Italien wird uns immer beherrschen, und Maler wie Robert fesseln uns wieder an Rom.

Wenn ich nicht irre, kennt man schon durch Lithographie die Pifferari von Robert, die jetzt zur Ausstellung gekommen sind und jene Pfeifer aus den albanischen Gebirgen vorstellen, welche um Weihnachtzeit nach Rom kommen, vor den Marienbildern musizieren und gleichsam der Muttergottes ein heiliges Ständchen bringen. Dieses Stück ist besser gezeichnet als gemalt, es hat etwas Schroffes, Trübes, Bolognesisches, wie etwa ein kolorierter Kupferstich. Doch bewegt es die Seele, als hörte man die naiv fromme Musik, die eben von jenen albanischen Gebirgshirten gepfiffen wird.

Minder einfach, aber vielleicht noch tiefsinniger ist ein anderes Bild von Robert, worauf man eine Leiche sieht, die unbedeckt, nach italienischer Sitte, von der barmherzigen Brüderschaft zu Grabe getragen wird. Letztere, ganz schwarz vermummt, in der schwarzen Kappe nur zwei Löcher für die Augen, die unheimlich herauslugen, schreitet dahin wie ein Gespensterzug. Auf einer Bank im Vordergrunde, dem Beschauer entgegen, sitzt der Vater, die Mutter und der junge Bruder des Verstorbenen. Ärmlich gekleidet, tiefbekümmert, gesenkten Hauptes und mit gefalteten Händen sitzt der alte Mann in der Mitte zwischen dem Weibe und dem Knaben. Er schweigt; denn es gibt keinen größeren Schmerz in dieser Welt als den Schmerz eines Vaters, wenn er gegen die Sitte der Natur sein Kind überlebt. Die gelbbleiche Mutter scheint verzweiflungsvoll zu jammern. Der Knabe, ein armer Tölpel, hat ein Brot in den Händen, er will davon essen, aber kein Bissen will ihm munden ob des unbewußten Mitkummers, und um so trauriger ist seine Miene. Der Verstorbene scheint der älteste Sohn zu sein, die Stütze und Zierde der Familie, korinthische Säule des Hauses: und jugendlich blühend, anmutig und fast lächelnd liegt er auf der Bahre, so daß in diesem Gemälde das Leben trüb, häßlich und traurig, der Tod aber unendlich schön erscheint, ja anmutig und fast lächelnd.

Der Maler, der so schön den Tod verklärt, hat jedoch das Leben noch weit herrlicher darzustellen gewußt: sein großes Meisterwerk, »Die Schnitter«, ist gleichsam die Apotheose des Lebens; bei dem

Anblick desselben vergißt man, daß es ein Schattenreich gibt, und man zweifelt, ob es irgendwo herrlicher und lichter sei als auf dieser Erde. »Die Erde ist der Himmel, und die Menschen sind heilig durchgöttert«, das ist die große Offenbarung, die mit seligen Farben aus diesem Bilde leuchtet. Das Pariser Publikum hat dieses gemalte Evangelium besser aufgenommen, als wenn der heilige Lukas es geliefert hätte. Die Pariser haben jetzt gegen letztern sogar ein allzu ungünstiges Vorurteil.

Eine öde Gegend der Romagna im italienisch blühendsten Abendlichte erblicken wir auf dem Robertschen Gemälde. Der Mittelpunkt desselben ist ein Bauerwagen, der von zwei großen, mit schweren Ketten geschirrten Büffeln gezogen wird und mit einer Familie von Landleuten beladen ist, die eben haltmachen will. Rechts sitzen Schnitterinnen neben ihren Garben und ruhen aus von der Arbeit, während ein Dudelsackpfeifer musiziert und ein lustiger Gesell zu diesen Tönen tanzt, seelenvergnügt, und es ist, als hörte man die Melodie und die Worte:

Damigella, tutta bella,
Versa, versa il bel vino!

Links kommen ebenfalls Weiber mit Fruchtgarben, jung und schön, Blumen, belastet mit Ähren; auch kommen von derselben Seite zwei junge Schnitter, wovon der eine etwas wollüstig schmachtend mit zu Boden gesenktem Blick einherschwankt, der andere aber mit aufgehobener Sichel in die Höhe jubelt. Zwischen den beiden Büffeln des Wagens steht ein stämmiger, braunbrustiger Bursche, der nur der Knecht zu sein scheint und stehend Sieste hält. Oben auf dem Wagen, an der einen Seite, liegt, weich gebettet, der Großvater, ein milder, erschöpfter Greis, der aber vielleicht geistig den Familienwagen lenkt; an der anderen Seite erblickt man dessen Sohn, einen kühn-ruhigen, männlichen Mann, der mit untergeschlagenem Beine auf dem Rücken des einen Büffels sitzt und das sichtbare Zeichen des Herrschers, die Peitsche, in den Händen hat; etwas höher auf dem Wagen, fast erhaben, steht das junge schöne Eheweib des Mannes, ein Kind im Arm, eine Rose mit einer Knospe, und neben ihr steht eine eben so holdblühende Jünglingsgestalt, wahrscheinlich der Bruder, der die Leinwand der Zeltstange eben entfalten will. Da das Gemälde, wie ich höre, jetzt gestochen wird und vielleicht schon nächsten Monat als Kupferstich nach Deutschland reist, so erspare ich mir jede weitere Beschreibung. Aber ein Kupferstich wird ebensowenig wie irgendeine Beschreibung den eigentlichen Zauber des Bildes aussprechen können.

Dieser besteht im Kolorit. Die Gestalten, die sämtlich dunkler sind als der Hintergrund, werden durch den Widerschein des Himmels so himmlisch beleuchtet, so wunderbar, daß sie an und für sich in freudigst hellen Farben erglänzen und dennoch alle Konturen sich streng abzeichnen. Einige Figuren scheinen Porträt zu sein. Doch der Maler hat nicht in der dummehrlichen Weise mancher seiner Kollegen die Natur treu nachgepinselt und die Gesichter diplomatisch genau abgeschrieben, sondern, wie ein geistreicher Freund bemerkte, Robert hat die Gestalten, die ihm die Natur geliefert, erst in sein Gemüt aufgenommen, und wie die Seelen im Fegfeuer, die dort nicht ihre Individualität, sondern ihre irdischen Schlacken einbüßen, ehe sie selig hinaufsteigen in den Himmel, so wurden jene Gestalten in der glühenden Flammentiefe des Künstlergemütes so fegfeurig gereinigt und geläutert, daß sie verklärt emporstiegen in den Himmel der Kunst, wo ebenfalls ewiges Leben und ewige Schönheit herrscht, wo Venus und Maria niemals ihre Anbeter verlieren, wo Romeo und Julie nimmer sterben, wo Helena ewig jung bleibt und Hekuba wenigstens nicht älter wird.

In der Farbengebung des Robertschen Bildes erkennt man das Studium des Raffael. An diesen erinnert mich ebenfalls die architektonische Schönheit der Gruppierung. Auch einzelne Gestalten, namentlich die Mutter mit dem Kinde, ähneln den Figuren auf den Gemälden des Raffael, und zwar aus seiner Vorfrühlingsperiode, wo er noch die strengen Typen des Perugino zwar sonderbar treu, aber doch holdselig gemildert wiedergab.

Es wird mir nicht einfallen, zwischen Robert und dem größten Maler der katholischen Weltzeit eine Parallele zu ziehen. Aber ich kann doch nicht umhin, ihre Verwandtschaft zu gestehen. Es ist indessen nur eine materielle Formenverwandtschaft, nicht eine geistige Wahlverwandtschaft. Raffael ist ganz gedrängt von katholischem Christentum, einer Religion, die den Kampf des Geistes mit der Materie oder des Himmels mit der Erde ausspricht, eine Unterdrückung der Materie beabsichtigt, jeden Protest derselben eine Sünde nennt und die Erde vergeistigen oder vielmehr die Erde dem Himmel aufopfern möchte. Robert gehört aber einem Volke an, worin der Katholizismus erloschen ist. Denn, beiläufig gesagt, der Ausdruck der Charte, daß der Katholizismus die Religion der Mehrheit des Volkes sei, ist nur eine französische Galanterie gegen Notre-Dame de Paris, die ihrerseits wieder mit gleicher Höflichkeit die drei Farben der Freiheit auf dem Haupte trägt, eine Doppelheuchelei, wogegen die rohe Menge etwas unförmlich protestierte, als sie jüngst die Kirchen demolierte und die Heiligenbilder in der Seine schwimmen lehrte.

Robert ist ein Franzose, und er, wie die meisten seiner Landsleute, huldigt unbewußt einer noch verhüllten Doktrin, die von einem Kampfe des Geistes mit der Materie nichts wissen will, die dem Menschen nicht die sichern irdischen Genüsse verbietet und dagegen desto mehr himmlische Freuden ins Blaue hinein verspricht, die den Menschen vielmehr schon auf dieser Erde beseligen möchte und die sinnliche Welt ebenso heilig achtet wie die geistige; »denn Gott ist alles, was da ist«. Roberts Schnitter sind daher nicht nur sündenlos, sondern sie kennen keine Sünde, ihr irdisches Tagwerk ist Andacht, sie beten beständig, ohne die Lippen zu bewegen, sie sind selig ohne Himmel, versöhnt ohne Opfer, rein ohne beständiges Abwaschen, ganz heilig. Daher, wenn auf katholischen Bildern nur die Köpfe, als der Sitz des Geistes, mit einem Heiligenschein umstrahlt sind und die Vergeistigung dadurch symbolisiert wird, so sehen wir dagegen auf dem Robertschen Bilde auch die Materie verheiligt, indem hier der ganze Mensch, der Leib ebensogut wie der Kopf, vom himmlischen Lichte, wie von einer Glorie, umflossen ist.

Aber der Katholizismus ist im neuen Frankreich nicht bloß erloschen, sondern er hat hier auch nicht einmal einen rückwirkenden Einfluß auf die Kunst wie in unserm protestantischen Deutschland, wo er durch die Poesie, die jeder Vergangenheit inwohnt, eine neue Geltung gewonnen. Es ist vielleicht bei den Franzosen ein stiller Nachgrimm, der ihnen die katholischen Traditionen verleidet, während für alle andere Erscheinungen der Geschichte ein gewaltiges Interesse bei ihnen auftaucht. Diese Bemerkung kann ich durch eine Tatsache beweisen, die sich eben wieder durch jene Bemerkung erklären läßt. Die Zahl der Gemälde, worauf christliche Geschichten, sowohl des Alten Testaments als des Neuen, sowohl der Tradition als der Legende, dargestellt sind, ist im diesjährigen Salon so gering, daß manche Unter-Unterabteilung einer weltlichen Gattung weit mehr Stücke geliefert, und wahrhaftig bessere Stücke. Nach genauer Zählung finde ich unter den dreitausend Nummern des Katalogs nur neunundzwanzig jener heiligen Gemälde verzeichnet, während allein schon derjenigen Gemälde, worauf Szenen aus Walter Scotts Romanen dargestellt sind, über dreißig gezählt werden. Ich kann also, wenn ich von französischer Malerei rede, gar nicht mißverstanden werden, wenn ich die Ausdrücke »historische Gemälde« und »historische Schule« in ihrer natürlichsten Bedeutung gebrauche.

Delaroche

ist der Chorführer einer solchen Schule. Dieser Maler hat keine Vorliebe für die Vergangenheit selbst, sondern für ihre Darstellung, für die Veranschaulichung ihres Geistes, für Geschichtschreibung mit Farben. Diese Neigung zeigt sich jetzt bei dem größten Teile der französischen Maler: der Salon war erfüllt mit Darstellungen aus der Geschichte, und die Namen Devéria, Steuben und Johannot verdienen die ausgezeichnetste Erwähnung.

Delaroche, der große Historienmaler, hat vier Stücke zur diesjährigen Ausstellung geliefert. Zwei derselben beziehen sich auf die französische, die zwei andern auf die englische Geschichte. Die beiden ersten sind gleich kleinen Umfangs, fast wie sogenannte Kabinettstücke, und sehr figurenreich und pittoresk. Das eine stellt den Kardinal Richelieu vor, »der sterbekrank von Tarascon die Rhone hinauffährt und selbst in einem Kahne, der hinter seinem eigenen Kahne befestigt ist, den Cinq-Mars und den de Thou nach Lyon führt, um sie dort köpfen zu lassen«. Zwei Kähne, die hintereinander fahren, sind zwar eine unkünstlerische Konzeption; doch ist sie hier mit vielem Geschick behandelt. Die Farbengebung ist glänzend, ja blendend, und die Gestalten schwimmen fast im strahlenden Abendgold. Dieses kontrastiert um so wehmütiger mit dem Geschick, dem die drei Hauptfiguren entgegenfahren. Die zwei blühenden Jünglinge werden zur Hinrichtung geschleppt, und zwar von einem sterbenden Greise. Wie buntgeschmückt auch diese Kähne sind, so schiffen sie doch hinab ins Schattenreich des Todes. Die herrlichen Goldstrahlen der Sonne sind nur Scheidegrüße, es ist Abendzeit, und sie muß ebenfalls untergehen; sie wird nur noch einen blutroten Lichtstreif über die Erde werfen, und dann ist alles Nacht.

Ebenso farbenglänzend und in seiner Bedeutung ebenso tragisch ist das historische Seitenstück, das ebenfalls einen sterbenden Kardinal-Minister, den Mazarin, darstellt. Er liegt in einem bunten Prachtbette in der buntesten Umgebung von lustigen Hofleuten und Dienerschaft, die miteinander schwatzen und Karten spielen und umherspazieren, lauter farbenschillernde, überflüssige Personen, am überflüssigsten für einen Mann, der auf dem Todbette liegt. Hübsche Kostüme aus der Zeit der Fronde, noch nicht überladen mit Goldtroddeln, Stickereien, Bändern und Spitzen, wie in Ludwigs XIV. späterer Prachtzeit, wo die letzten Ritter sich in hoffähige Kavaliere verwandelten, ganz in der Weise, wie auch das alte Schlachschwert sich allmählich verfeinerte, bis es endlich ein alberner Galanteriedegen wurde. Die Trachten auf dem Gemälde, wovon ich spreche, sind noch einfach, Rock und Koller erinnern noch an das ursprüngliche Kriegshandwerk des Adels, auch die Federn auf dem Hute sind noch keck und bewegen sich noch nicht ganz nach dem Hofwind. Die Haare der Männer wallen noch in natürlichen Locken über die Schulter, und die Damen tragen die witzige Frisur à la Sévigné. Die Kleider der Damen melden indes schon einen Übergang in die langschleppende, weitaufgebauschte Abgeschmacktheit der späteren Periode. Die Korsetts sind aber noch naiv zierlich, und die weißen Reize quellen daraus hervor, wie Blumen aus einem Füllhorn. Es sind lauter hübsche Damen auf dem Bilde, lauter hübsche Hofmasken: auf den Gesichtern lächelnde Liebe und vielleicht grauer Trübsinn im Herzen, die Lippen unschuldig wie Blumen und dahinter ein böses Zünglein, wie die kluge Schlange. Tändelnd und zischelnd sitzen drei dieser Damen, neben ihnen ein feinöhriger, spitzäugiger Priester mit lauschender Nase, vor der linken Seite des Krankenbettes. Vor der rechten Seite sitzen drei Chevaliers und eine Dame, die Karten spielen, wahrscheinlich Landsknecht, ein sehr gutes Spiel, das ich selbst in Göttingen gespielt und worin ich einmal sechs Taler gewonnen. Ein edler Hofmann in einem dunkelvioletten, rotbekreuzten Sammetmantel steht in der Mitte des Zimmers und macht die kratzfüßigste Verbeugung. Am rechten Ende des Gemäldes ergehen sich zwei Hofdamen und ein Abbé, welcher der einen ein Papier zu lesen gibt, vielleicht ein Sonett von eigner Fabrik, während er nach der andern schielt. Diese spielt hastig mit ihrem Fächer, dem luftigen Telegraphen der Liebe. Beide Damen sind allerliebste Geschöpfe, die eine morgenrötlich blühend wie eine Rose, die andere etwas dämmerungssüchtig, wie ein schmachtender Stern. Im Hintergrund des Gemäldes sitzt ebenfalls schwatzendes Hofgesinde und erzählt einander vielleicht allerlei Staatsunterrocksgeheimnisse oder wettet vielleicht, daß der Mazarin in einer Stunde tot sei. Mit diesem scheint es wirklich zu Ende zu gehen: sein Gesicht ist leichenblaß, sein Auge gebrochen, seine Nase bedenklich spitz, in seiner Seele erlischt allmählich jene schmerzliche Flamme, die wir Leben nennen, in ihm wird es dunkel und kalt, der Flügelschlag des nächtlichen Engels berührt schon seine Stirne; – in diesem Augenblicke wendet sich zu ihm die spielende Dame und zeigt ihm ihre Karten und scheint ihn zu fragen, ob sie mit ihrem Cœur trumpfen soll.

Die zwei andern Gemälde von Delaroche geben Gestalten aus der englischen Geschichte. Sie sind in Lebensgröße und einfacher gemalt. Das eine zeigt die beiden Prinzen im Tower, die Richard III. ermorden läßt. Der junge König und sein jüngerer Bruder sitzen auf einem altertümlichen Ruhebette, und gegen die Türe des Gefängnisses läuft ihr kleines Hündchen, das durch Bellen die Ankunft der Mörder zu verraten scheint. Der junge König, noch halb Knabe und halb schon Jüngling, ist eine überaus rührende Gestalt. Ein gefangener König, wie Sterne so richtig fühlt, ist schon an und für sich ein wehmütiger Gedanke; und hier ist der gefangene König noch beinahe ein unschuldiger Knabe und hülflos preisgegeben einem tückischen Mörder. Trotz seines zarten Alters scheint er schon viel gelitten zu haben; in seinem bleichen, kranken Antlitz liegt schon tragische Hoheit, und seine Füße, die mit ihren langen, blausamtnen Schnabelschuhen vom Lager herabhängen und doch nicht den Boden berühren, geben ihm gar ein gebrochen Ansehen wie das einer geknickten Blume. Alles das ist, wie gesagt, sehr einfach und wirkt desto mächtiger. Ach! es hat mich noch um so mehr bewegt, da ich in dem Antlitz des unglücklichen Prinzen die lieben Freundesaugen entdeckte, die mir so oft zugelächelt und mit noch lieberen Augen so lieblich verwandt waren. Wenn ich vor dem Gemälde des Delaroche stand, kam es mir immer ins Gedächtnis, wie ich einst auf einem schönen Schlosse im teuren Polen vor dem Bilde des Freundes stand und mit seiner holden Schwester von ihm sprach und ihre Augen heimlich verglich mit den Augen des Freundes. Wir sprachen auch von dem Maler des Bildes, der kurz vorher gestorben, und wie die Menschen dahinsterben, einer nach dem andern – ach! der liebe Freund selbst ist jetzt tot, erschossen bei Praga, die holden Lichter der schönen Schwester sind ebenfalls erloschen, ihr Schloß ist abgebrannt, und es wird mir einsam ängstlich zumute, wenn ich bedenke, daß nicht bloß unsere Lieben so schnell aus der Welt verschwinden, sondern sogar von dem Schauplatz, wo wir mit ihnen gelebt, keine Spur zurückbleibt, als hätte nichts davon existiert, als sei alles nur ein Traum.

Indessen noch weit schmerzlichere Gefühle erregt das andere Gemälde von Delaroche, das eine andere Szene aus der englischen Geschichte darstellt. Es ist eine Szene aus jener entsetzlichen Tragödie, die auch ins Französische übersetzt worden ist und so viele Tränen gekostet hat diesseits und jenseits des Kanals und die auch den deutschen Zuschauer so tief erschüttert. Auf dem Gemälde sehen wir die beiden Helden des Stücks, den einen als Leiche im Sarge, den andern in voller Lebenskraft und den Sargdeckel aufhebend, um den toten Feind zu betrachten. Oder sind es etwa nicht die Helden selbst, sondern nur Schauspieler, denen vom Direktor der Welt ihre Rolle vorgeschrieben war und die vielleicht, ohne es zu wissen, zwei kämpfende Prinzipien tragierten? Ich will sie hier nicht nennen, die beiden feindseligen Prinzipien, die zwei großen Gedanken, die sich vielleicht schon in der schaffenden Gottesbrust befehdeten und die wir auf diesem Gemälde einander gegenüber sehen, das eine schmählich verwundet und verblutend, in der Person von Karl Stuart, das andere keck und siegreich, in der Person von Oliver Cromwell.

In einem von den dämmernden Sälen Whitehalls, auf dunkelroten Sammetstühlen, steht der Sarg des enthaupteten Königs, und davor steht ein Mann, der mit ruhiger Hand den Deckel aufhebt und den Leichnam betrachtet. Jener Mann steht dort ganz allein, seine Figur ist breit untersetzt, seine Haltung nachlässig, sein Gesicht bäurisch ehrenfest. Seine Tracht ist die eines gewöhnlichen Kriegers, puritanisch schmucklos: eine langherabhängende dunkelbraune Sammetweste; darunter eine gelbe Lederjacke; Reiterstiefeln, die so hoch heraufgehen, daß die schwarze Hose kaum zum Vorschein kommt; quer über die Brust ein schmutziggelbes Degengehänge, woran ein Degen mit Glockengriff; auf den kurzgeschnittenen, dunkeln Haaren des Hauptes ein schwarzer, aufgekrempter Hut mit einer roten Feder; am Halse ein übergeschlagenes weißes Kräglein, worunter noch ein Stück Harnisch sichtbar wird; schmutzige gelblederne Handschuhe; in der einen Hand, die nahe am Degengriffe liegt, ein kurzer, stützender Stock, in der andern Hand der erhobene Deckel des Sarges, worin der König liegt.

Die Toten haben überhaupt einen Ausdruck im Gesichte, wodurch der Lebende, den man neben ihnen erblickt, wie ein Geringerer erscheint; denn sie übertreffen ihn immer an vornehmer Leidenschaftslosigkeit und vornehmer Kälte. Das fühlen auch die Menschen, und aus Respekt vor dem höheren Totenstande tritt die Wache ins Gewehr und präsentiert, wenn eine Leiche vorübergetragen wird, und sei es auch die Leiche des ärmsten Flickschneiders. Es ist daher leicht begreiflich, wie sehr dem Oliver Cromwell seine Stellung ungünstig ist bei jeder Vergleichung mit dem toten Könige. Dieser, verklärt von dem eben erlittenen Märtyrtume, geheiligt von der Majestät des Unglücks, mit dem kostbaren Purpur am Halse, mit dem Kuß der Melpomene auf den weißen Lippen, bildet den herabdrückendsten Gegensatz zu der rohen, derb-lebendigen Puritanergestalt. Auch mit der äußeren Bekleidung derselben kontrastieren tiefschneidend bedeutsam die letzten Prachtspuren der gefallenen Herrlichkeit, das reiche grünseidene Kissen im Sarge, die Zierlichkeit des blendendweißen Leichenhemds, garniert mit Brabanter Spitzen.

Welchen großen Weltschmerz hat der Maler hier mit wenigen Strichen ausgesprochen! Da liegt sie, die Herrlichkeit des Königtums, einst Trost und Blüte der Menschheit, elendiglich verblutend. Englands Leben ist seitdem bleich und grau, und die entsetzte Poesie floh den Boden, den sie eh'mals mit ihren heitersten Farben geschmückt. Wie tief empfand ich dieses, als ich einst um Mitternacht an dem fatalen Fenster von Whitehall vorbeiging und die jetzige kaltfeuchte Prosa von England mich durchfröstelte! Warum war aber meine Seele nicht von ebenso tiefen Gefühlen ergriffen, als ich jüngst zum ersten Male über den entsetzlichen Platz ging, wo Ludwig XVI. gestorben? Ich glaube, weil dieser, als er starb, kein König mehr war, weil er, als sein Haupt fiel, schon vorher die Krone verloren hatte. König Karl verlor aber die Krone nur mit dem Haupte selbst. Er glaubte an diese Krone, an sein absolutes Recht; er kämpfte dafür wie ein Ritter, kühn und schlank; er starb adelig stolz, protestierend gegen die Gesetzlichkeit seines Gerichts, ein wahrer Märtyrer des Königtums von Gottes Gnaden. Der arme Bourbon verdient nicht diesen Ruhm, sein Haupt war schon durch eine Jakobinermütze entkönigt; er glaubte nicht mehr an sich selber, er glaubte fest an die Kompetenz seiner Richter, er beteuerte nur seine Unschuld; er war wirklich bürgerlich tugendhaft, ein guter, nicht sehr magerer Hausvater; sein Tod hat mehr einen sentimentalen als einen tragischen Charakter, er erinnert allzusehr an August Lafontaines Familienromane: – eine Träne für Ludwig Capet, einen Lorbeer für Karl Stuart!

»Un plagiat infâme d'un crime étranger« sind die Worte, womit der Vicomte Chateaubriand jene trübe Begebenheit bezeichnet, die einst am 21. Januar auf der Place de la Concorde stattfand. Er macht den Vorschlag, auf dieser Stelle eine Fontäne zu errichten, deren Wasser aus einem großen Becken von schwarzem Marmor hervorsprudeln, um abzuwaschen – »ihr wißt wohl, was ich meine«, setzt er pathetisch geheimnisvoll hinzu. Der Tod Ludwigs XVI. ist überhaupt das beflorte Paradepferd, worauf der edle Vicomte sich beständig herumtummelt; seit Jahr und Tag exploitiert er die Himmelfahrt des Sohns des heiligen Ludwigs, und eben die raffinierte Giftdürstigkeit, womit er dabei deklamiert, und seine weitgeholten Trauerwitze zeugen von keinem wahren Schmerze. Am allerfatalsten ist es, wenn seine Worte widerhallen aus den Herzen des Faubourg St. Germain, wenn dort die alten Emigrantenkoterien mit heuchlerischen Seufzern noch immer über Ludwig XVI. jammern, als wären sie seine eigentlichen Angehörigen, als habe er eigentlich ihnen zugehört, als wären sie besonders bevorrechtet, seinen Tod zu betrauern. Und doch ist dieser Tod ein allgemeines Weltunglück gewesen, das den geringsten Tagelöhner ebensogut betraf wie den höchsten Zeremonienmeister der Tuilerien und das jedes fühlende Menschenherz mit unendlichem Kummer erfüllen mußte. Oh, der feinen Sippschaft! Seit sie nicht mehr unsere Freuden usurpieren kann, usurpiert sie unsere Schmerzen.

Es ist vielleicht an der Zeit, einerseits das allgemeine Volksrecht solcher Schmerzen zu vindizieren, damit sich das Volk nicht einreden lasse, nicht ihm gehörten die Könige, sondern einigen Auserwählten, die das Privilegium haben, jedes königliche Mißgeschick als ihr eigenes zu bejammern; andererseits ist es vielleicht an der Zeit, jene Schmerzen laut auszusprechen, da es jetzt wieder einige eiskluge Staatsgrübler gibt, einige nüchterne Bacchanten der Vernunft, die in ihrem logischen Wahnsinn uns alle Ehrfurcht, die das uralte Sakrament des Königtums gebietet, aus der Tiefe unserer Herzen herausdisputieren möchten. Indessen, die trübe Ursache jener Schmerzen nennen wir keineswegs ein Plagiat, noch viel weniger ein Verbrechen und am allerwenigsten infam; wir nennen sie eine Schickung Gottes. Würden wir doch die Menschen zu hoch stellen und zugleich zu tief herabsetzen, wenn wir ihnen so viel Riesenkraft und zugleich so viel Frevel zutrauten, daß sie aus eigener Willkür jenes Blut vergossen hätten, dessen Spuren Chateaubriand mit dem Wasser seines schwarzen Waschbeckens vertilgen will.

Wahrlich, wenn man die derzeitigen Zustände erwägt und die Bekenntnisse der überlebenden Zeugen einsammelt, so sieht man, wie wenig der freie Menschenwille bei dem Tode von Ludwig XVI. vorwaltete. Mancher, der gegen den Tod stimmen wollte, tat das Gegenteil, als er die Tribüne bestiegen und von dem dunkeln Wahnsinn der politischen Verzweiflung ergriffen wurde. Die Girondisten fühlten, daß sie zu gleicher Zeit ihr eigenes Todesurteil aussprachen. Manche Reden, die bei dieser Gelegenheit gehalten wurden, dienten nur zur Selbstbetäubung. Der Abbé Sieyès, angeekelt von dem widerwärtigen Geschwätze, stimmte ganz einfach für den Tod, und als er von der Tribüne herabgestiegen, sagte er zu seinem Freunde: »J'ai voté la mort sans phrase.« Der böse Leumund aber mißbrauchte diese Privatäußerung; dem mildesten Menschen ward als parlamentarisch das Schreckenswort »la mort sans phrase« aufgebürdet, und es steht jetzt in allen Schulbüchern, und die Jungen lernen's auswendig. Wie man mir allgemein versichert, Bestürzung und Trauer herrschte am 21. Januar in ganz Paris, sogar die wütendsten Jakobiner schienen von schmerzlichem Mißbehagen niedergedrückt. Mein gewöhnlicher Kabriolettführer, ein alter Sansculotte, erzählte mir, als er den König sterben sehen, sei ihm zumute gewesen, »als würde ihm selber ein Glied abgesägt«. Er setzte hinzu: »Es hat mir im Magen weh getan, und ich hatte den ganzen Tag einen Abscheu vor Speisen.« Auch meinte er, »der alte Veto« habe sehr unruhig ausgesehen, als wolle er sich zur Wehr setzen. Soviel ist gewiß, er starb nicht so großartig wie Karl I., der erst ruhig seine lange protestierende Rede hielt, wobei er so besonnen blieb, daß er die umstehenden Edelleute einigemal ersuchte, das Beil nicht zu betasten, damit es nicht stumpf werde. Der geheimnisvoll verlarvte Scharfrichter von Whitehall wirkte ebenfalls schauerlich poetischer als Sanson mit seinem nackten Gesichte. Hof und Henker hatten die letzte Maske fallen lassen, und es war ein prosaisches Schauspiel. Vielleicht hätte Ludwig eine lange christliche Verzeihungsrede gehalten, wenn nicht die Trommel bei den ersten Worten schon so gerührt worden wäre, daß man kaum seine Unschuldserklärung gehört hat. Die erhabenen Himmelfahrtsworte, die Chateaubriand und seine Genossen beständig paraphrasieren »Fils de Saint-Louis, monte au ciel!«, diese Worte sind auf dem Schafotte gar nicht gesprochen worden, sie passen gar nicht zu dem nüchternen Werkeltagscharakter des guten Edgeworth, dem sie in den Mund gelegt werden, und sie sind die Erfindung eines damaligen Journalisten, namens Charles His, der sie denselben Tag drucken ließ. Dergleichen Berichtigung ist freilich sehr unnütz; diese Worte stehen jetzt ebenfalls in allen Kompendien, sie sind schon längst auswendig gelernt, und die arme Schuljugend müßte noch obendrein auswendig lernen, daß diese Worte nie gesprochen worden.

Es ist nicht zu leugnen, daß Delaroche absichtlich durch sein ausgestelltes Bild zu geschichtlichen Vergleichungen aufforderte, und wie zwischen Ludwig XVI. und Karl I. wurden auch zwischen Cromwell und Napoleon beständig Parallelen gezogen. Ich darf aber sagen, daß beiden Unrecht geschah, wenn man sie miteinander verglich. Denn Napoleon blieb frei von der schlimmsten Blutschuld (die Hinrichtung des Herzogs von Enghien war nur ein Meuchelmord); Cromwell aber sank nie so tief, daß er sich von einem Priester zum Kaiser salben ließ und, ein abtrünniger Sohn der Revolution, die gekrönte Vetterschaft der Cäsaren erbuhlte. In dem Leben des einen ist ein Blutfleck, in dem Leben des andern ist ein Ölfleck. Wohl fühlten sie aber beide die geheime Schuld. Dem Bonaparte, der ein Washington von Europa werden konnte und nur dessen Napoleon ward, ihm ist nie wohl geworden in seinem kaiserlichen Purpurmantel; ihn verfolgte die Freiheit wie der Geist einer erschlagenen Mutter, er hörte überall ihre Stimme, sogar des Nachts, aus den Armen der anvermählten Legitimität schreckte sie ihn vom Lager; und dann sah man ihn hastig umherrennen in den hallenden Gemächern der Tuilerien, und er schalt und tobte; und wenn er dann des Morgens bleich und müde in den Staatsrat kam, so klagte er über Ideologie und wieder Ideologie und sehr gefährliche Ideologie, und Corvisart schüttelte das Haupt.

Wenn Cromwell ebenfalls nicht ruhig schlafen konnte und des Nachts ängstlich in Whitehall umherlief, so war es nicht, wie fromme Kavaliere meinten, ein blutiges Königsgespenst, was ihn verfolgte, sondern die Furcht vor den leiblichen Rächern seiner Schuld; er fürchtete die materiellen Dolche der Feinde, und deshalb trug er unter dem Wams immer einen Harnisch, und er wurde immer mißtrauischer, und endlich gar, als das Büchlein erschien: »Töten ist kein Mord«, da hat Oliver Cromwell nie mehr gelächelt.

Wenn aber die Vergleichung des Protektors und des Kaisers wenig Ähnlichkeiten bietet, so ist die Ausbeute desto reicher bei den Parallelen zwischen den Fehlern der Stuarts und der Bourbonen überhaupt und zwischen den Restaurationsperioden in beiden Ländern. Es ist fast eine und dieselbe Untergangsgeschichte. Auch dieselbe Quasilegitimität der neuen Dynastie ist vorhanden wie einst in England. Im Foyer des Jesuitismus werden ebenfalls wieder wie einst die heiligen Waffen geschmiedet, die alleinseligmachende Kirche seufzt und intrigiert ebenfalls für das Kind des Mirakels, und es fehlt nur noch, daß der französische Prätendent, so wie einst der englische, nach dem Vaterlande zurückkehre. Immerhin, mag er kommen! Ich prophezeie ihm das entgegengesetzte Schicksal Sauls, der seines Vaters Esel suchte und eine Krone fand: – der junge Heinrich wird nach Frankreich kommen und eine Krone suchen, und er findet hie nur die Esel seines Vaters.

Was die Beschauer des Cromwell am meisten beschäftigte, war die Entzifferung seiner Gedanken bei dem Sarge des toten Karl. Die Geschichte berichtet diese Szene nach zwei verschiedenen Sagen. Nach der einen habe Cromwell des Nachts, bei Fackelschein, sich, den Sarg öffnen lassen, und erstarrten Leibs und verzerrten Angesichts sei er lange davor stehengeblieben, wie ein stummes Steinbild. Nach einer anderen Sage öffnete er den Sarg bei Tage, betrachtete ruhig den Leichnam und sprach die Worte: »Es war ein starkgebauter Mann, und er hätte noch lange leben können.« Nach meiner Ansicht hat Delaroche diese demokratischere Legende im Sinne gehabt. Im Gesichte seines Cromwells ist durchaus kein Erstaunen oder Verwundern oder sonstiger Seelensturm ausgedrückt; im Gegenteil, den Beschauer erschüttert diese grauenhafte, entsetzliche Ruhe im Gesichte des Mannes. Da steht sie, die gefestete erdsichere Gestalt, »brutal wie eine Tatsache«, gewaltig ohne Pathos, dämonisch natürlich, wunderbar ordinär, verfemt und zugleich gefeit, und da betrachtet sie ihr Werk, fast wie ein Holzhacker, der eben eine Eiche gefällt hat. Er hat sie ruhig gefällt, die große Eiche, die einst so stolz ihre Zweige verbreitete über England und Schottland, die Königseiche, in deren Schatten so viele schöne Menschengeschlechter geblüht und worunter die Elfen der Poesie ihre süßesten Reigen getanzt; – er hat sie ruhig gefällt mit dem unglückseligen Beil, und da liegt sie zu Boden mit all ihrem holden Laubwerk und mit der unverletzten Krone; – unglückseliges Beil!

»Do you not think, Sir, that the guillotine is a great improvement?« Das waren die gequäkten Worte, womit ein Brite, der hinter mir stand, die Empfindungen unterbrach, die ich eben niedergeschrieben und die so wehmütig meine Seele erfüllten, während ich Karls Halswunde auf dem Bilde von Delaroche betrachtete. Sie ist etwas allzu grell blutig gemalt. Auch ist der Deckel des Sarges ganz verzeichnet und gibt diesem das Ansehen eines Violinkastens. Im übrigen ist aber das Bild ganz unübertrefflich meisterhaft gemalt, mit der Feinheit des van Dyck und mit der Schattenkühnheit des Rembrandt; es erinnert mich namentlich an die republikanischen Kriegergestalten auf dem großen historischen Gemälde des letztern, »Die Nachtwache«, die ich im Trippenhuis zu Amsterdam gesehen.

Der Charakter des Delaroche sowie des größten Teils seiner Kunstgenossen nähert sich überhaupt am meisten der flämischen Schule; nur daß die französische Grazie etwas zierlich leichter die Gegenstände behandelt und die französische Eleganz hübsch oberflächlich darüber hinspielt. Ich möchte daher den Delaroche einen graziösen, eleganten Niederländer nennen.

An einem andern Orte werde ich vielleicht die Gespräche berichten, die ich so oft vor seinem Cromvell vernahm. Kein Ort gewährte eine bessere Gelegenheit zur Belauschung der Volksgefühle und Tagesmeinungen. Das Gemälde hing in der großen Tribüne, am Eingang der langen Galerie, und daneben hing Roberts ebenso bedeutsames Meisterwerk, gleichsam tröstend und versöhnend. In der Tat, wenn die kriegsrohe Puritanergestalt, der entsetzliche Schnitter mit dem abgemähten Königshaupt, aus dunkelm Grunde hervortretend, den Beschauer erschütterte und alle politischen Leidenschaften in ihm aufwühlte, so ward seine Seele doch gleich wieder beruhigt durch den Anblick jener andern Schnitter, die, mit ihren schönern Ähren heimkehrend zum Erntefest der Liebe und des Friedens, im klarsten Himmelslichte blühten. Fühlen wir bei dem einen Gemälde, wie der große Zweikampf noch nicht zu Ende, wie der Boden noch zittert unter unsern Füßen; hören wir hier noch das Rasen des Sturmes, der die Welt niederzureißen droht; sehen wir hier noch den gähnenden Abgrund, der gierig die Blutströme einschlürft, so daß grauenhafte Untergangsfurcht uns ergreift: so sehen wir auf dem andern Gemälde, wie ruhig sicher die Erde stehenbleibt und immer liebreich ihre goldenen Früchte hervorbringt, wenn auch die ganze römische Universaltragödie mit allen ihren Gladiatoren und Kaisern und Lastern und Elefanten darüber hingetrampelt. Wenn wir auf dem einen Gemälde jene Geschichte sehen, die sich so närrisch herumrollt in Blut und Kot, oft jahrhundertelang blödsinnig stillsteht und dann wieder unbeholfen hastig aufspringt und in die Kreuz und in die Quer wütet und die wir Weltgeschichte nennen: so sehen wir auf dem andern Gemälde jene noch größere Geschichte, die dennoch genug Raum hat auf einem mit Büffeln bespannten Wagen; eine Geschichte ohne Anfang und ohne Ende, die sich ewig wiederholt und so einfach ist wie das Meer, wie der Himmel, wie die Jahrszeiten; eine heilige Geschichte, die der Dichter beschreibt und deren Archiv in jedem Menschenherzen zu finden ist; die Geschichte der Menschheit!

Wahrlich, wohltuend und heilsam war es, daß Roberts Gemälde dem Gemälde des Delaroche zur Seite gestellt worden. Manchmal, wenn ich den Cromwell lange betrachtet und mich ganz in ihn versenkt hatte, daß ich fast seine Gedanken hörte, einsilbig harsche Worte, verdrießlich hervorgebrummt und gezischt, im Charakter jener englischen Mundart, die dem fernen Grollen des Meeres und dem Schrillen der Sturmvögel gleicht: dann rief mich heimlich wieder zu sich der stille Zauber des Nebengemäldes, und mir war, als hörte ich lächelnden Wohllaut, als hörte ich Toskanas süße Sprache von römischen Lippen erklingen, und meine Seele wurde besänftigt und erheitert.

Ach! wohl tut es not daß die liebe, unverwüstliche, melodische Geschichte der Menschheit unsere Seele tröste in dem mißtönenden Lärm der Weltgeschichte. Ich höre in diesem Augenblick da draußen, dröhnender, betäubender als jemals, diesen mißtönenden Lärm, dieses sinnenverwirrende Getöse; es zürnen die Trommeln, es klirren die Waffen, ein empörtes Menschenmeer, mit wahnsinnigen Schmerzen und Flüchen, wälzt sich durch die Gassen das Volk von Paris und heult: »Warschau ist gefallen! Unsere Avantgarde ist gefallen! Nieder mit den Ministern! Krieg den Russen! Tod den Preußen!« – Es wird mir schwer, ruhig am Schreibtische sitzen zu bleiben und meinen armen Kunstbericht, meine friedliche Gemäldebeurteilung zu Ende zu schreiben. Und dennoch, gehe ich hinab auf die Straße und man erkennt mich als Preußen, so wird mir von irgendeinem Julihelden das Gehirn eingedrückt, so daß alle meine Kunstideen zerquetscht werden; oder ich bekomme einen Bajonettstich in die linke Seite, wo jetzt das Herz schon von selber blutet, und vielleicht obendrein werde ich in die Wache gesetzt als fremder Unruhstörer.

Bei solchem Lärm verwirren und verschieben sich alle Gedanken und Bilder. Die Freiheitsgöttin von Delacroix tritt mir mit ganz verändertem Gesichte entgegen, fast mit Angst in dem wilden Auge. Mirakulöse verändert sich das Bild des Papstes von Vernet: der alte schwächliche Statthalter Christi sieht auf einmal so jung und gesund aus und erhebt sich lächelnd auf seinem Sessel, und es ist, als ob seine starken Träger das Maul aufsperrten zu einem »Te Deum laudamus«. Auch der tote Karl bekommt ein ganz anderes Gesicht und verwandelt sich plötzlich, und wenn ich genauer hinschaue, so liegt kein König, sondern das ermordete Polen in dem schwarzen Sarge, und davor steht nicht mehr Cromwell, sondern der Zar von Rußland, eine adlige, reiche Gestalt, ganz so herrlich, wie ich ihn vor einigen Jahren zu Berlin gesehen, als er neben dem Könige von Preußen auf dem Balkone stand und diesem die Hand küßte. Dreißigtausend schaulustige Berliner jauchzten Hurra, und ich dachte in meinem Herzen: Gott sei uns allen gnädig! Ich kannte ja das sarmatische Sprichwort: Die Hand, die man noch nicht abhauen will, die muß man küssen – –

Ach! ich wollte, der König von Preußen hätte sich auch hier an die linke Hand küssen lassen und hätte mit der rechten Hand das Schwert ergriffen und dem gefährlichsten Feinde des Vaterlands so begegnet, wie es Pflicht und Gewissen verlangten. Haben sich diese Hohenzollern die Vogtwürde des Reiches im Norden angemaßt, so mußten sie auch seine Marken sichern gegen das herandrängende Rußland. Die Russen sind ein braves Volk, und ich will sie gern achten und lieben; aber seit dem Falle Warschaus, der letzten Schutzmauer, die uns von ihnen getrennt, sind sie unseren Herzen so nahe gerückt, daß mir angst wird.

Ich fürchte, wenn uns jetzt der Zar von Rußland wieder besucht, dann ist an uns die Reihe, ihm die Hand zu küssen – Gott sei uns allen gnädig!

Gott sei uns allen gnädig! Unsere letzte Schutzmauer ist gefallen, die Göttin der Freiheit erbleicht unsere Freunde liegen zu Boden, der römische Großpfaffe erhebt sich boshaft lächelnd, und die siegende Aristokratie steht triumphierend an dem Sarge des Volkstums.

Ich höre, Delaroche malt jetzt ein Seitenstück zu seinem Cromwell, einen Napoleon auf Sankt Helena, und er wählt den Moment, wo Sir Hudson Lowe die Decke aufhebt von dem Leichnam jenes großen Repräsentanten der Demokratie.

Zu meinem Thema zurückkehrend, hätte ich hier noch manche wackere Maler zu rühmen; aber trotz des besten Willens ist es mir dennoch unmöglich, ihre stillen Verdienste ruhig auseinanderzusetzen, denn da draußen stürmt es wirklich zu laut, und es ist unmöglich, die Gedanken zusammenzufassen, wenn solche Stürme in der Seele widerhallen. Ist es doch in Paris sogar an sogenannt ruhigen Tagen sehr schwer, das eigene Gemüt von den Erscheinungen der Straße abzuwenden und Privaträumen nachzuhängen. Wenn die Kunst auch in Paris mehr als anderswo blüht, so werden wir doch in ihrem Genusse jeden Augenblick gestört durch das rohe Geräusch des Lebens; die süßesten Töne der Pasta und Malibran werden uns verleidet durch den Notschrei der erbitterten Armut, und das trunkene Herz, das eben Roberts Farbenlust eingeschlürft, wird schnell wieder ernüchtert durch den Anblick des öffentlichen Elends. Es gehört fast ein Goethescher Egoismus dazu, um hier zu einem ungetrübten Kunstgenuß zu gelangen, und wie sehr einem gar die Kunstkritik erschwert wird, das fühle ich eben in diesem Augenblick. Ich vermochte gestern dennoch an diesem Berichte weiterzuschreiben, nachdem ich einmal unterdessen nach den Boulevards gegangen war, wo ich einen todblassen Menschen vor Hunger und Elend niederfallen sah. Aber wenn auf einmal ein ganzes Volk niederfällt an den Boulevards von Europa – dann ist es unmöglich, ruhig weiterzuschreiben. Wenn die Augen des Kritikers von Tränen getrübt werden, ist auch sein Urteil wenig mehr wert.

Mit Recht klagen die Künstler in dieser Zeit der Zwietracht, der allgemeinen Befehdung. Man sagt, die Malerei bedürfe des friedlichen Ölbaumes in jeder Hinsicht. Die Herzen, die ängstlich lauschen, ob nicht die Kriegstrompete erklingt, haben gewiß nicht die gehörige Aufmerksamkeit für die süße Musik. Die Oper wird mit tauben Ohren gehört, das Ballett sogar wird nur teilnahmlos angeglotzt. »Und daran ist die verdammte Julirevolution schuld«, seufzen die Künstler, und sie verwünschen die Freiheit und die leidige Politik, die alles verschlingt, so daß von ihnen gar nicht mehr die Rede ist.

Wie ich höre – aber ich kann's kaum glauben –, wird sogar in Berlin nicht mehr vom Theater gesprochen, und der »Morning Chronicle«, der gestern berichtet, daß die Reformbill im Unterhause durchgegangen sei, erzählt bei dieser Gelegenheit, daß der Doktor Raupach sich jetzt in Baden-Baden befinde und über die Zeit jammere, weil sein Kunsttalent dadurch zugrunde gehe.

Ich bin gewiß ein großer Verehrer des Doktor Raupach, ich bin immer ins Theater gegangen, wenn die »Schülerschwänke« oder die »Sieben Mädchen in Uniform« oder »Das Fest der Handwerker« oder sonst ein Stück von ihm gegeben wurde; aber ich kann doch nicht leugnen, daß der Untergang Warschaus mir weit mehr Kummer macht, als ich vielleicht empfinden würde, wenn der Doktor Raupach mit seinem Kunsttalente unterginge. O Warschau! Warschau! nicht für einen ganzen Wald von Raupachen hätte ich dich hin gegeben!

Meine alte Prophezeiung von dem Ende der Kunstperiode, die bei der Wiege Goethes anfing und bei seinem Sarge aufhören wird, scheint ihrer Erfüllung nahe zu sein. Die jetzige Kunst muß zugrunde gehen, weil ihr Prinzip noch im abgelebten, alten Regime, in der heiligen römischen Reichsvergangenheit wurzelt. Deshalb, wie alle welken Überreste dieser Vergangenheit, steht sie im unerquicklichsten Widerspruch mit der Gegenwart. Dieser Widerspruch und nicht die Zeitbewegung selbst ist der Kunst so schädlich; im Gegenteil, diese Zeitbewegung müßte ihr sogar gedeihlich werden, wie einst in Athen und Florenz, wo eben in den wildesten Kriegs- und Parteistürmen die Kunst ihre herrlichsten Blüten entfaltete. Freilich, jene griechischen und florentinischen Künstler führten kein egoistisch isoliertes Kunstleben, die müßig dichtende Seele hermetisch verschlossen gegen die großen Schmerzen und Freuden der Zeit; im Gegenteil, ihre Werke waren nur das träumende Spiegelbild ihrer Zeit, und sie selbst waren ganze Männer, deren Persönlichkeit ebenso gewaltig wie ihre bildende Kraft; Phidias und Michelangelo waren Männer aus einem Stück, wie ihre Bildwerke, und wie diese zu ihren griechischen und katholischen Tempeln paßten, so standen jene Künstler in heiliger Harmonie mit ihrer Umgebung; sie trennten nicht ihre Kunst von der Politik des Tages, sie arbeiteten nicht mit kümmerlicher Privatbegeisterung, die sich leicht in jeden beliebigen Stoff hineinlügt; Äschylus hat die »Perser« mit derselben Wahrheit gedichtet, womit er zu Marathon gegen sie gefochten, und Dante schrieb seine Komödie nicht als stehender Kommissionsdichter, sondern als flüchtiger Guelfe, und in Verbannung und Kriegsnot klagte er nicht über den Untergang seines Talentes, sondern über den Untergang der Freiheit.

Indessen, die neue Zeit wird auch eine neue Kunst gebären, die mit ihr selbst in begeistertem Einklang sein wird, die nicht aus der verblichenen Vergangenheit ihre Symbolik zu borgen braucht und die sogar eine neue Technik, die von der seitherigen verschieden, hervorbringen muß. Bis dahin möge, mit Farben und Klängen, die selbsttrunkenste Subjektivität, die weltentzügelte Individualität, die gottfreie Persönlichkeit mit all ihrer Lebenslust sich geltend machen, was doch immer ersprießlicher ist als das tote Scheinwesen der alten Kunst.

Oder hat es überhaupt mit der Kunst und mit der Welt selbst ein trübseliges Ende? Jene überwiegende Geistigkeit, die sich jetzt in der europäischen Literatur zeigt, ist sie vielleicht ein Zeichen von nahem Absterben, wie bei Menschen, die in der Todesstunde plötzlich hellsehend werden und mit verbleichenden Lippen die übersinnlichsten Geheimnisse aussprechen? Oder wird das greise Europa sich wieder verjüngen, und die dämmernde Geistigkeit seiner Künstler und Schriftsteller ist nicht das wunderbare Ahnungsvermögen der Sterbenden, sondern das schaurige Vorgefühl einer Wiedergeburt, das sinnige Wehen eines neuen Frühlings?

Die diesjährige Ausstellung hat durch manches Bild jene unheimliche Todesfurcht abgewiesen und die bessere Verheißung bekundet. Der Erzbischof von Paris erwartet alles Heil von der Cholera, von dem Tode; ich erwarte es von der Freiheit, von dem Leben. Darin unterscheidet sich unser Glauben. Ich glaube, daß Frankreich aus der Herzenstiefe seines neuen Lebens auch eine neue Kunst hervoratmen wird. Auch diese schwere Aufgabe wird von den Franzosen gelöst werden, von den Franzosen, diesem leichten, flatterhaften Volke, das wir so gerne mit einem Schmetterling vergleichen.

Aber der Schmetterling ist auch ein Sinnbild der Unsterblichkeit der Seele und ihrer ewigen Verjüngung.

Nachtrag. 1833

Als ich im Sommer 1831 nach Paris kam, war ich doch über nichts mehr verwundert als über die damals eröffnete Gemäldeausstellung, und obgleich die wichtigsten politischen und religiösen Revolutionen meine Aufmerksamkeit in Anspruch nahmen, so konnte ich doch nicht unterlassen, zuerst über die große Revolution zu schreiben, die hier im Reiche der Kunst stattgefunden und als deren bedeutsamste Erscheinung der erwähnte Salon zu betrachten war.

Nicht minder als meine übrigen Landsleute hegte auch ich die ungünstigsten Vorurteile gegen die französische Kunst, namentlich gegen die französische Malerei, deren letzte Entwicklungen mir ganz unbekannt geblieben. Es hat aber auch eine eigene Bewandtnis mit der Malerei in Frankreich. Auch sie folgte der sozialen Bewegung und ward endlich mit dem Volke selber verjüngt. Doch geschah dieses nicht so unmittelbar wie in den Schwesterkünsten, Musik und Poesie, die schon vor der Revolution ihre Umwandlung begonnen.

Herr Louis de Maynard, welcher in der »Europe littéraire« über den diesjährigen Salon eine Reihe Artikel geliefert welche zu dem Interessantesten gehören, was je ein Franzose über Kunst geschrieben, hat sich in betreff obiger Bemerkung mit folgenden Worten ausgesprochen, die ich, soweit es bei der Lieblichkeit und Grazie des Ausdrucks möglich ist, getreu wiedergebe:

»In derselben Weise wie die gleichzeitige Politik und die Literatur beginnt auch die Malerei des achtzehnten Jahrhunderts; in derselben Weise erreichte sie eine gewisse vollendete Entfaltung; und sie brach auch zusammen denselben Tag, als alles in Frankreich zusammengebrochen. Sonderbares Zeitalter, welches mit einem lauten Gelächter bei dem Tode Ludwigs XIV. anfängt und in den Armen des Scharfrichters endigt, ›des Herrn Scharfrichters‹, wie Madame Dubarry ihn nannte! Oh, dieses Zeitalter, welches alles verneinte, alles verspöttelte, alles entweihte und an nichts glaubte, war eben deshalb um so tüchtiger zu dem großen Werke der Zerstörung, und es zerstörte, ohne im mindesten etwas wieder aufbauen zu können, und es hatte auch keine Lust dazu.

Indessen, die Künste, wenn sie auch derselben Bewegung folgen, folgen sie ihr doch nicht mit gleichem Schritte. So ist die Malerei im achtzehnten Jahrhundert zurückgeblieben. Sie hat ihre Crébillon hervorgebracht, aber keine Voltaire, keine Diderot. Beständig im Solde der vornehmen Gönnerschaft, beständig im unterröcklichen Schutze der regierenden Mätressen, hat sich ihre Kühnheit und ihre Kraft allmählich aufgelöst, ich weiß nicht wie. Sie hat in all ihrer

Ausgelassenheit nie jenen Ungestüm, nie jene Begeisterung bekundet, die uns fortreißt und blendet und für den schlechten Geschmack entschädigt. Sie wirkt mitbehaglich mit ihren frostigen Spielereien, mit ihren welken Kleinkünsten im Bereiche eines Boudoirs, wo ein nettes Zierdämchen, auf dem Sofa hingestreckt, sich leichtsinnig fächert. Favart, mit seinen Eglées und Zulmas, ist wahrheitlicher als Watteau und Boucher mit ihren koketten Schäferinnen und idyllischen Abbés. Favart, wenn er sich auch lächerlich machte, so meinte er es doch ehrlich. Die Maler jenes Zeitalters nahmen am wenigsten teil an dem, was sich in Frankreich vorbereitete. Der Ausbruch der Revolution überraschte sie im Negligé. Die Philosophie, die Politik, die Wissenschaft, die Literatur, jede durch einen besonderen Mann repräsentiert, waren sie stürmisch, wie eine Schar Trunkenbolde, auf ein Ziel losgestürmt, das sie nicht kannten; aber je näher sie demselben gelangten, desto besänftigter wurde ihr Fieber, desto ruhiger wurde ihr Antlitz, desto sicherer wurde ihr Gang. Jenes Ziel, welches sie nicht kannten, mochten sie wohl dunkel ahnen; denn im Buche Gottes hatten sie lesen können, daß alle menschlichen Freuden mit Tränen endigen. Und ach! sie kamen von einem zu wüsten, jauchzenden Gelag, als daß sie nicht zu dem Ernstesten und Schrecklichsten gelangen mußten. Wenn man die Unruhe betrachtet, wovon sie in dem süßesten Rausche dieser Orgie des achtzehnten Jahrhunderts zuweilen beängstigt worden, so sollte man glauben, das Schafott, das all diese tolle Lust endigen sollte, habe ihnen schon von ferne zugewinkt, wie das dunkle Haupt eines Gespenstes.

Die Malerei, welche sich damals von der ernsthaften sozialen Bewegung entfernt gehalten, sei es nun, weil sie von Wein und Weibern ermattet war, oder sei es auch, weil sie ihre Mitwirkung für fruchtlos hielt, genug, sie hat sich bis zum letzten Augenblick dahingeschleppt zwischen ihren Rosen, Moschusdüften und Schäferspielen. Vien und einige andere fühlten wohl, daß man sie zu jedem Preis daraus emporziehen müsse, aber sie wußten nicht, was man alsdann damit anfangen sollte. Lesueur, den der Lehrer Davids sehr hochachtete, konnte keine neue Schule hervorbringen. Er mußte dessen wohl eingeständig sein. In eine Zeit geschleudert, wo auch alles geistige Königtum in die Gewalt eines Marat und eines Robespierre geraten, war David in derselben Verlegenheit wie jene Künstler. Wissen wir doch, daß er nach Rom ging und daß er ebenso Vanlooisch heimkehrte, wie er abgereist war. Erst später, als das griechisch-römische Altertum gepredigt wurde, als Publizisten und Philosophen auf den Gedanken gerieten, man müsse zu den literärischen, sozialen und politischen Formen der Alten zurückkehren: erst alsdann entfaltete sich sein Geist in all seiner angeborenen Kühnheit, und mit gewaltiger Hand zog er die Kunst aus der tändelnden, parfümierten Schäferei, worin sie versunken, und er erhob sie in die ernsten Regionen des antiken Heldentums. Die Reaktion war unbarmherzig wie jede Reaktion, und David betrieb sie bis zum Äußersten. Es begann durch ihm ein Terrorismus auch in der Malerei.«

Über Davids Schaffen und Wirken ist Deutschland hinlänglich unterrichtet. Unsere französischen Gäste haben uns während der Kaiserzeit oft genug von dem großen David unterhalten. Ebenfalls von seinen Schülern, die ihn, jeder in seiner Weise, fortgesetzt, von Gérard, Gros, Girodet und Guérin, haben wir vielfach reden hören. Weniger weiß man bei uns von einem anderen Manne, dessen Name ebenfalls mit einem G anfängt und welcher, wenn auch nicht der Stifter, doch der Eröffner einer neuen Malerschule in Frankreich. Das ist Géricault.

Von dieser neuen Malerschule habe ich in den vorstehender Blättern unmittelbare Kunde gegeben. Indem ich die besten Stücke des Salon von 1831 beschrieben, lieferte ich auch zu gleicher Zeit eine tatsächliche Charakteristik der neuen Meister. Jener Salon war nach dem allgemeinen Urteil der außerordentlichste, den Frankreich je geliefert, und er bleibt denkwürdig in den Annalen der Kunst. Die Gemälde, die ich eine Beschreibung würdigte, werden sich Jahrhunderte erhalten und mein Wort ist vielleicht ein nützlicher Beitrag zur Geschichte der Malerei.

Von jener unermeßlichen Bedeutung des Salon von 1831 habe ich mich dieses Jahr vollauf überzeugen können, als die Säle des Louvre, welche während zwei Monat geschlossen waren, sich den ersten April wieder öffneten und uns die neuesten Produkte der französischen Kunst entgegengrüßten. Wie gewöhnlich hatte man die alten Gemälde, welche die Nationalgalerie bilden, durch spanische Wände verdeckt, und an letzteren hingen die neuen Bilder, so daß zuweilen hinter der gotischen Abgeschmacktheiten eines neuromantischen Malers gar lieblich die mythologischen altitalienischen Meisterwerke hervorlauschten. Die ganze Ausstellung glich einem Codex palimpsestus, wo man sich über den neubarbarischen Text um so mehr ärgerte, wenn man wußte, welche griechische Götterpoesie damit übersudelt worden.

Wohl gegen viertehalbtausend Gemälde waren ausgestellt, und es befand sich darunter fast kein einziges Meisterstück. War das die Folge einer allzu großen Ermüdung nach einer allzu großen Aufregung? Beurkundete sich in der Kunst der Nationalkatzenjammer, den wir jetzt, nachdem der übertolle Freiheitsrausch verdampft, auch im politischen Leben der Franzosen bemerken? War die diesjährige

Ausstellung nur ein buntes Gähnen? nur ein farbiges Echo der dies-jährigen Kammer? Wenn der Salon von 1831 noch von der Sonne des Julius durchglüht war, so tröpfelte in dem Salon 1833 noch der trübe Regen des Junius. Die beiden gefeierten Helden des vorigen Salon, Delaroche und Robert, traten diesmal gar nicht in die Schranken, und die übrigen Maler, die ich früher gerühmt, gaben dies Jahr nichts Vorzügliches. Mit Ausnahme eines Bildes von Tony Johannot, einem Deutschen, hat kein einziges Gemälde dieses Salons mich gemütlich angesprochen. Herr Scheffer gab wieder eine Marga-rete, die von großen Fortschritten im Technischen zeugte, aber doch nicht viel bedeutete. Es war dieselbe Idee, glühender gemalt und frostiger gedacht. Auch Horaz Vernet gab wieder ein großes Bild, worauf jedoch nur schöne Einzelheiten. Decamps hat sich wohl über den Salon und sich selber lustig machen wollen, und er gab meistens Affenstücke; darunter ein ganz vortrefflicher Affe, der ein Historien-bild malt. Das deutschchristlich langherabhängende Haar desselben mahnte mich ergötzlich an überrheinische Freunde.

Am meisten besprochen und durch Lob und Widerspruch gefeiert wurde dieses Jahr Herr Ingres. Er gab zwei Stücke; das eine war das Porträt einer jungen Italienerin, das andere war das Porträt des Herrn Bertin l'aîné, eines alten Franzosen.

Wie Ludwig Philipp im Reiche der Politik, so war Herr Ingres dieses Jahr König im Reiche der Kunst. Wie jener in den Tuilerien, so herrschte dieser im Louvre. Der Charakter des Herren Ingres ist ebenfalls Justemilieu, er ist nämlich ein Justemilieu zwischen Mieris und Michelangelo. In seinen Gemälden findet man die heroische Kühnheit des Mieris und die feine Farbengebung des Michelangelo.

In demselben Maße, wie die Malerei in der diesjährigen Ausstellung wenig Begeisterung zu erregen vermochte, hat die Skulptur sich um so glänzender gezeigt, und sie lieferte Werke, worunter viele zu den höchsten Hoffnungen berechtigten und eins sogar mit den besten Erzeugnissen dieser Kunst wetteifern konnte. Es ist der Kain des Herren Etex. Es ist eine Gruppe von symmetrischer, ja monumentaler Schönheit, voll antediluvianischem Charakter und doch zugleich voller Zeitbedeutung. Kain mit Weib und Kind, schicksalergeben, gedankenlos brütend, eine Versteinerung trostloser Ruhe. Dieser Mann hat seinen Bruder getötet, infolge eines Opferzwistes, eines Religionstreits. Ja, die Religion hat den ersten Brudermord verursacht, und seitdem trägt sie das Blutzeichen auf der Stirne.

Ich werde auf den Kain von Etex späterhin zurückkommen, wenn ich von dem außerordentlichen Aufschwung zu reden habe, den wir in unserer Zeit bei den Bildhauern noch weit mehr als bei den Malern bemerken. Der Spartakus und der Theseus, welche beide jetzt im Tuileriengarten aufgestellt sind, erregen jedesmal, wenn ich dort spazierengehe, meine nachdenkende Bewunderung. Nur schmerzt es mich zuweilen, wenn es regnet, daß solche Meisterstücke unserer modernen Kunst so ganz und gar der freien Luft ausgesetzt stehn. Der Himmel ist hier nicht so milde wie in Griechenland, und auch dort standen die besseren Werke nie so ganz ungeschützt gegen Wind und Wetter, wie man gewöhnlich meint. Die besseren waren wohlgeschirmt, meistens in Tempeln. Bis jetzt hat jedoch die Witterung den neuen Statuen in den Tuilerien wenig geschadet, und es ist ein heiterer Anblick, wenn sie blendend weiß aus dem frischgrünen Kastanienlaub hervorgrüßen. Dabei ist es hübsch anzuhören, wenn die Bonnen den kleinen Kindern, die dort spielen, manchmal erklären, was der marmorne nackte Mann bedeutet, der so zornig sein Schwert in der Hand hält, oder was das für ein sonderbarer Kauz ist, der auf seinem menschlichen Leib einen Ochsenkopf trägt und den ein anderer nackter Mann mit einer Keule niederschlägt; der Ochsenmensch, sagen sie, hat viele kleine Kinder gefressen. Junge Republikaner, die vorübergehn, pflegen auch wohl zu bemerken, daß der Spartakus sehr bedenklich nach den Fenstern der Tuilerien hinaufschielt, und in der Gestalt des Minotaurus sehen sie das Königtum. Andere Leute tadeln auch wohl an dem Theseus die Art, wie er die Keule schwingt, und sie behaupten: wenn er damit zuschlüge, würde er unfehlbar sich selber die Hand zerschmettern. Dem sei aber, wie ihm wolle; bis jetzt sieht das alles noch sehr gut aus. Jedoch nach einigen Wintern werden diese vortrefflichen Statuen schon verwittert und brüchig sein, und Moos wächst dann an dem Schwerte des Spartakus, und friedliche Insektenfamilien nisten zwischen dem Ochsenkopfe des Minotaurus und der Keule des Theseus, wenn diesem nicht gar unterdessen die Hand mitsamt der Keule abgebrochen ist.

Da hier doch soviel unnützes Militär gefüttert werden muß, so sollte der König in den Tuilerien neben jeder Statue eine Schildwache stellen, die, wenn es regnet, einen Regenschirm darüber ausspannt. Unter dem bürgerköniglichen Regenschirm würde dann im wahren Sinne des Wortes die Kunst geschützt sein.

Allgemein ist die Klage der Künstler über die allzu große Sparsamkeit des Königs. Als Herzog von Orleans, heißt es, habe er die Künste eifriger beschützt. Man murrt, er bestelle verhältnismäßig zuwenig Bilder und zahle dafür verhältnismäßig zuwenig Geld. Er ist jedoch, mit Ausnahme des Königs von Bayern, der größte Kunstkenner unter den Fürsten. Sein Geist ist vielleicht jetzt zu sehr politisch befangen, als daß er sich mit Kunstsachen so eifrig wie ehemals beschäftigen könnte. Wenn aber seine Vorliebe für Malerei und Skulptur etwas abgekühlt, so hat sich seine Neigung für Architektur fast bis zur Wut gesteigert. Nie ist in Paris soviel gebaut worden, wie jetzt auf Betrieb des Königs geschieht. Überall Anlagen zu neuen Bauwerken und ganz neuen Straßen. An den Tuilerien und dem Louvre wird beständig gehämmert. Der Plan zu den neuen Bibliothek ist das Großartigste, was sich denken läßt. Die Magdalenenkirche, der alte Tempel des Ruhms, ist seiner Vollendung nahe. An dem großen Gesandtschaftsspalaste, den Napoleon an der rechten Seite der Seine aufführen wollte und der nur zur Hälfte fertig geworden, so daß er wie Trümmer einer Riesenburg aussieht, an diesem ungeheuren Werke wird jetzt weitergebaut. Dabei erheben sich wunderbar kolossale Monumente auf den öffentlichen Plätzen. Auf dem Bastillenplatz erhebt sich der große Elefant, der nicht übel die bewußte Kraft und die gewaltige Vernunft des Volks repräsentiert. Auf der Place de la Concorde sehen wir schon, in hölzerner Abbildung, den Obelisk des Luxor; in einigen Monaten steht dort das ägyptische Original und dient als Denkstein des schauerlichen Ereignisses, das einst am 21. Januar auf diesem Orte stattfand. Wieviel tausendjährige Erfahrungen uns dieser hieroglyphenbedeckte Bote aus dem Wunderland Ägypten mitbringen mag, so hat doch der junge Laternenpfahl, der auf der Place de la Concorde seit fünfzig Jahren steht, noch viel merkwürdigere Dinge erlebt, und der alte, rote, urheilige Riesenstein wird vor Entsetzen erblassen und zittern, wenn mal in einer stillen Winternacht jener frivol französische Laternenpfahl zu schwatzen beginnt und die Geschichte des Platzes erzählt, worauf sie beide stehen.

Das Bauwesen ist die Hauptleidenschaft des Königs, und diese kann vielleicht die Ursache seines Sturzes werden. Ich fürchte, trotz allen Versprechungen werden ihm die Forts détachés nicht aus dem Sinne kommen; denn bei diesem Projekte können seine Lieblingswerkzeuge, Kelle und Hammer, angewendet werden, und das Herz klopft ihm vor Freude, wenn er an einen Hammer denkt. Dieses Klopfen übertäubt vielleicht einst die Stimme seiner Klugheit, und ohne es zu ahnen, wird er von seinen Lieblingslaunen beschwatzt, wenn jene Forts für sein einziges Heil und ihre Errichtung für leicht ausführbar hält. Durch das Medium der Architektur gelangen wir daher vielleicht in die größten Bewegungen der Politik. In Beziehung auf jene Forts und auf den König selbst will ich hier ein Fragment aus einem Memoire mitteilen, das ich vorigen Juli geschrieben:

»Das ganze Geheimnis der revolutionären Parteien besteht darin, daß sie die Regierung nicht mehr angreifen wollen, sondern von seiten derselben irgendeinen großen Angriff abwarten, um tatsächlichen

Widerstand zu leisten. Eine neue Insurrektion kann daher in Paris nicht ausbrechen ohne den besondern Willen der Regierung, die erst durch irgendeine bedeutende Torheit die Veranlassung geben muß. Gelingt die Insurrektion, so wird Frankreich sogleich zu einer Republik erklärt, und die Revolution wälzt sich über ganz Europa, dessen alte Institutionen alsdann, wo nicht zertrümmert, doch wenigstens sehr erschüttert werden. Mißlingt die Insurrektion, so beginnt hier eine unerhört furchtbare Reaktion, die alsdann in den Nachbarländern mit der gewöhnlichen Ungeschicklichkeit nachgeäfft wird und dann ebenfalls manche Umgestaltung des Bestehenden hervorbringen kann. Auf jeden Fall wird die Ruhe Europas gefährdet durch alles, was die hiesige Regierung gegen die Interessen der Revolution Außerordentliches unternimmt, durch jede Feindseligkeit, die sie gegen die Parteien der Revolution ausübt. Da nun der Wille der hiesigen Regierung ganz ausschließlich der Wille des Königs ist, so ist die Brust Ludwig Philipps die eigentliche Pandorabüchse, die alle Übel enthält, die sich auf einmal über diese Erde ergießen können. Leider ist es nicht möglich, auf seinem Gesichte die Gedanken seines Herzens zu lesen; denn in der Verstellungskunst scheint die jüngere Linie ebensosehr Meister zu sein wie die ältere. Kein Schauspieler auf dieser Erde hat sein Gesicht so sehr in seiner Gewalt, keiner weiß so meisterhaft seine Rolle durchzuspielen wie unser Bürgerkönig. Er ist vielleicht einer der geschicktesten, geistvollsten und mutigsten Menschen Frankreichs; und doch hat er, als es galt, die Krone zu gewinnen, sich ein ganz harmloses, spießbürgerliches, zaghaftes Ansehen zu geben gewußt, und die Leute, die ihn ohne viel Umstände auf den Thron setzten, glaubten gewiß, ihn mit noch weit weniger Umständen wieder davon herunterwerfen zu können. Diesmal hat das Königtum die blödsinnige Rolle des Brutus gespielt. Daher sollten die Franzosen eigentlich über sich selber und nicht über den Ludwig Philipp lachen, wenn sie jene Karikaturen ansehen, wo letzterer mit seinem weißen Filzhut und großen Regenschirm dargestellt wird. Beides waren Requisiten, und wie die Poignées de main gehörten sie zu seiner Rolle. Der Geschichtschreiber wird ihm einst das Zeugnis geben, daß er diese gut ausgeführt hat; dieses Bewußtsein kann ihn trösten über die Satiren und Karikaturen, die ihn zur Zielscheibe ihres Witzes gewählt. Die Menge solcher Spottblätter und Zerrbilder wird täglich größer, und überall an den Mauern der Häuser sieht man groteske Birnen. Noch nie ist ein Fürst in seiner eignen Hauptstadt so sehr verhöhnt worden wie Ludwig Philipp. Aber er denkt, wer zuletzt lacht, lacht am besten; ihr werdet die Birne nicht fressen, die Birne frißt euch. Gewiß, er fühlt alle Beleidigungen, die man ihm zufügt;

denn er ist ein Mensch. Er ist auch nicht von so gnädiger Lammsnatur, daß er sich nicht dafür rächen möchte; er ist ein Mensch aber ein starker Mensch, der seinen augenblicklichen Unmut bezwingen kann und seiner Leidenschaft zu gebieten weiß. Wenn die Stunde kommt, die er für die rechte hält, dann wird er losschlagen; erst gegen die innern Feinde, hernach gegen die äußeren, die ihn noch weit empfindlicher beleidigt haben. Dieser Mann ist alles fähig, und wer weiß, ob er nicht einst jenen Handschuh, der von allen möglichen Poignées de main so schmutzig geworden, der ganzen Heiligen Allianz als Fehdehandschuh hinwirft. Es fehlt ihm wahrhaftig nicht an fürstlichem Selbstgefühl. Ihn, den ich kurz nach der Juliusrevolution mit Filzhut und Regenschirm sah, wie verändert erblickte ich ihn plötzlich am sechsten Junius voriges Jahr, als er die Republikaner bezwang. Es war nicht mehr der gutmütige, schwammbäuchige Spießbürger, das lächelnde Fleischgesicht; sogar seine Korpulenz gab ihm plötzlich ein würdiges Ansehn, er warf das Haupt so kühn in die Höhe, wie es jemals irgendeiner seiner Vorfahren getan, er erhob sich in dickster Majestät, jedes Pfund ein König. Als er aber dennoch fühlte, daß die Krone auf seinem Haupte noch nicht ganz fest saß und noch manches schlechte Wetter eintreten könnte: wie schnell Hatte er wieder den alten Filzhut aufgestülpt und seinen alten Regenschirm zur Hand genommen! Wie bürgerlich, einige Tage nachher, bei der großen Revue, grüßte er wieder Gevatter Schneider und Schuster, wie gab er wieder rechts und links die herzlichsten Poignées de main, und nicht bloß mit der Hand, sondern auch mit den Augen, mit den lächelnden Lippen, ja sogar mit dem Backenbart! Und dennoch, dieser lächelnde, grüßende, bittende, flehende gute Malm trug damals in seiner Brust vierzehn Forts détachés.

Diese Forts sind jetzt Gegenstand der bedenklichsten Fragen, und die Lösung derselben kann furchtbar werden und den ganzen Erdkreis erschüttern. Das ist wieder der Fluch, der die klugen Leute ins Verderben stürzt, sie glauben klüger zu sein als ganze Völker, und doch hat die Erfahrung gezeigt, daß die Massen immer richtig geurteilt und, wo nicht die ganzen Pläne, doch immer die Absichten ihrer Machthaber erraten. Die Völker sind allwissend, alldurchschauend; das Auge des Volks ist das Auge Gottes. So hat das französische Volk mitleidig die Achsel gezuckt, als die Regierung ihm landesväterlichst vorheuchelte: sie wolle Paris befestigen, um es gegen die Heilige Allianz verteidigen zu können. Jeder fühlte, daß nur Ludwig Philipp sich selber befestigen wollte gegen Paris. Es ist wahr, der König hat Gründe genug, Paris zu fürchten, die Krone glüht ihm auf dem Haupte und versengt ihm das Toupet, solange die große Flamme noch lodert in Paris, dem Foyer der Revolution. Aber warum gesteht er dieses nicht ganz offen? warum gebärdet er sich noch immer als einen treuen Wächter dieser Flamme? Ersprießlicher wäre vielleicht für ihn das offene Bekenntnis an die Gewürzkrämer und sonstige Parteigenossen, daß er für sie und sich selber nicht stehen könne, solange er nicht gänzlich Herr von Paris, daß er deshalb die Hauptstadt mit vierzehn Forts umgebe, deren Kanonen jeder Emeute gleich von oben herab Stillschweigen gebieten würden. Offenes Eingeständnis, daß es sich um seinen Kopf und alle Justemilieu-Köpfe handle, hätte vielleicht gute Wirkung hervorgebracht. Aber jetzt sind nicht bloß die Parteien der Opposition, sondern auch die Boutiquiers und die meisten Anhänger des Justemilieu-Systems ganz verdrießlich über die Forts détachés, und die Presse hat ihnen hinlänglich die Gründe auseinandergesetzt, weshalb sie verdrießlich sind. Die meisten Boutiquiers sind nämlich jetzt der Meinung, Ludwig Philipp sei ein ganz vortrefflicher König, er sei wert, daß man Opfer für ihn bringe, ja sich manchmal für ihn in Gefahr setze wie am 5. und 6. Junius, wo sie ihrer 40000 Mann in Gemeinschaft mit 20000 Mann Linientruppen gegen mehrere hundert Republikaner ihr Leben gewagt haben: keineswegs jedoch sei Ludwig Philipp wert, daß man, um ihn zu behalten, bei späteren bedeutenderen Emeuten ganz Paris, also sich selber nebst Weib und Kind und sämtlichen Butiken, in die Gefahr setzt, von 14 Höhen herab zugrunde geschossen zu werden. Man sei ja, meinen sie übrigens, seit fünfzig Jahren an alle möglichen Revolutionen gewöhnt, man habe sich ganz darauf einstudiert, bei geringen Emeuten zu intervenieren, damit die Ruhe gleich wiederhergestellt wird, bei größeren Insurrektionen sich gleich zu unterwerfen, damit ebenfalls die Ruhe gleich wiederhergestellt wird. Auch die Fremden, meinen sie, die reichen Fremden, die in Paris soviel Geld verzehren, hätten jetzt eingesehen, daß eine Revolution für jeden ruhigen Zuschauer ungefährlich sei, daß dergleichen mit großer Ordnung, sogar mit großer Artigkeit stattfinde, dergestalt, daß es für einen Ausländer noch ein besonderes Amüsement sei, eine Revolution in Paris zu erleben. Umgäbe man aber Paris mit Forts détachés, so würde die Furcht, daß man eines frühen Morgens zugrunde geschossen werden könne, die Ausländer, die Provinzialen und nicht bloß die Fremden, sondern auch viele hier ansässige Rentiers aus Paris verscheuchen; man würde dann weniger Zucker, Pfeffer und Pomade verkaufen und geringere Hausmiete gewinnen; kurz, Handel und Gewerbe würden zugrunde gehn. Die Epiciers, die solcherweise für den Zins ihrer Häuser, für die Kunden ihrer Butiken und für sich selbst und ihre Familien zittern, sind daher Gegner eines Projektes, wodurch

Paris eine Festung wird, wodurch Paris nicht mehr das alte, heitere, sorglose Paris bleibt. Andere, die zwar zum Justemilieu gehören, aber den liberalen Prinzipien der Revolution nicht entsagt haben und solche Prinzipien noch immer mehr lieben als den Ludwig Philipp: diese wollen das Bürgerkönigtum vielmehr durch Institutionen als durch eine Art von Bauwerken geschützt sehen, die allzusehr an die alte feudalistische Zeit erinnern, wo der Inhaber der Zitadelle die Stadt nach Willkür beherrschen konnte. Ludwig Philipp, sagen sie, sei bis jetzt noch ein treuer Wächter der bürgerlichen Freiheit und Gleichheit, die man durch soviel Blut erkämpft; aber er sei Mensch, und im Menschen wohne immer ein geheimes Gelüste nach absoluter Herrschaft. Im Besitz der Forts détachés könne er ungeahndet, nach Willkür, jede Laune befriedigen; er sei alsdann weit unumschränkter, als es die Könige vor der Revolution jemals sein mochten; diese hätten nur einzelne Unzufriedene in die Bastille setzen können, Ludwig Philipp aber umgäbe die ganze Stadt mit Bastillen, er embastilliere ganz Paris. Ja, wenn man auch der edlen Gesinnung des jetzigen Königs ganz sicher wäre, so könne man doch nicht für die Gesinnungen seiner Nachfolger Bürge stehen, noch viel weniger für die Gesinnungen aller derjenigen, die sich durch List oder Zufall einst in den Besitz jener Forts détachés setzen und alsdann Paris nach Willkür beherrschen könnten. Weit wichtiger noch als diese Einwürfe war eine andere Besorgnis, die sich von allen Seiten kundgab und sogar diejenigen erschütterte, die bis jetzt weder gegen noch für die Regierung, ja nicht einmal für oder gegen die Revolution Partei genommen. Sie betraf das höchste und wichtigste Interesse des ganzen Volks, die Nationalunabhängigkeit. Trotz aller französischen Eitelkeit, die nie gern an 1814 und 1815 zurückdenkt, mußte man sich doch heimlich gestehen, daß eine dritte Invasion nicht so ganz außer dem Bereiche der Möglichkeit läge, daß die Forts détachés nicht bloß den Alliierten kein allzu großes Hindernis sein würden, wenn sie Paris einnehmen wollten, sondern daß sie eben dieser Forts sich bemächtigen könnten, um Paris für ewige Zeiten in Zaum zu halten oder wo nicht gar für immer in den Grund zu schießen. Ich referiere hier nur die Meinung der Franzosen, die sich für überzeugt halten, daß einst bei der Invasion die fremden Truppen sich wieder von Paris entfernt, weil sie keinen Stützpunkt gegen die große Einwohnermasse gefunden, und daß jetzt die Fürsten in der Tiefe ihrer Herzen nichts Sehnlicheres wünschen, als Paris, das Foyer der Revolution, von Grund aus zu zerstören. – –«

Sollte jetzt wirklich das Projekt der Forts détachés für immer aufgegeben sein? Das weiß nur der Gott, der in die Nieren der Könige schaut.

Ich kann nicht umhin zu erwähnen, daß uns vielleicht der Parteigeist verblendet und der König wirklich die gemeinnützigsten Absichten hegt und sich nur gegen die Heilige Allianz barrikadieren will. Es ist aber unwahrscheinlich. Die Heilige Allianz hat tausend Gründe, vielmehr den Ludwig Philipp zu fürchten, und sie hat noch außerdem einen allerwichtigsten Hauptgrund, seine Erhaltung zu wünschen. Denn erstens ist Ludwig Philipp der mächtigste Fürst in Europa, seine materiellen Kräfte werden verzehnfacht durch die ihnen inwohnende Beweglichkeit, und zehnfach, ja hundertfach stärker noch sind die geistigen Mittel, worüber er nötigenfalls gebieten könnte; und sollten dennoch die vereinigten Fürsten den Sturz dieses Mannes bewirken, so hätten sie selber die mächtigste und vielleicht letzte Stütze des Königtums in Europa umgestürzt. Ja, die Fürsten sollten dem Schöpfer der Kronen und Throne tagtäglich auf ihren Knien dafür danken, daß Ludwig Philipp König von Frankreich ist. Schon haben sie einmal die Torheit begangen, den Mann zu töten, der am gewaltigsten die Republikaner zu bändigen vermochte, den Napoleon. Oh, mit Recht nennt ihr euch Könige von Gottes Gnade! Es war eine besondere Gnade Gottes, daß er den Königen noch einmal einen Mann schickte, der sie rettete, als wieder der Jakobinismus die Axt in Händen hatte und das alte Königtum zu zertrümmern drohte; töten die Fürsten auch diesen Mann, so kann ihnen Gott nicht mehr helfen. Durch die Sendung des Napoleon Bonaparte und des Ludwig Philipp Orleans, dieser zwei Mirakel, hat er dem Königtum zweimal seine Rettung angeboten. Denn Gott ist vernünftig und sieht ein, daß die republikanische Regierungsform sehr unpassend, unersprießlich und unerquicklich ist für das alte Europa. Und auch ich habe diese Einsicht. Aber wir können vielleicht beide nichts ausrichten gegen die Verblendung der Fürsten und Demagogen. Gegen die Dummheit kämpfen wir Götter selbst vergebens.

Ja, es ist meine heiligste Überzeugung, daß das Republikentum unpassend, unersprießlich und unerquicklich wäre für die Völker Europas und gar unmöglich für die Deutschen. Als in blinder Nachäffung der Franzosen die deutschen Demagogen eine deutsche Republik predigten und nicht bloß die Könige, sondern auch das Königtum selbst, die letzte Garantie unseres Gesellschaft, mit wahnsinniger Wut zu verlästern und zu schmähen suchten: da hielt ich es für Pflicht, mich auszusprechen, wie es in vorstehenden Blättern in Beziehung auf den 21. Januar geschehen ist. Obgleich mir seit dem 28. Junius des vorigen Jahrs mein Monarchismus etwas sauer gemacht wird, so habe ich doch jene Äußerungen bei diesem erneuerten Druck nicht ausscheiden wollen. Ich bin stolz darauf, daß ich einst den Mut besessen, weder durch Liebkosung und Intrige noch durch Drohung mich fortreißen zu lassen in Unverstand und Irrsal. Wer nicht so weit geht, als sein Herz ihn drängt und die Vernunft ihm erlaubt, ist eine Memme; wer weiter geht, als er gehen wollte, ist ein Sklave.

Biographie

1797   *13. Dezember:* Heinrich Heine wird in Düsseldorf als ältester Sohn des jüdischen Textilkaufmanns Samson Heine und seiner Ehefrau Elisabeth, geb. van Geldern, geboren.

1807   Heine besucht die Vorbereitungsklasse des Lyzeums.

1810   *April:* Eintritt in das Düsseldorfer Lyzeum.

1814   Heine verlässt das Gymnasium ohne Reifezeugnis und wechselt auf die Handelsschule.

1815   Bei dem Bankier Rindskopf in Frankfurt am Main beginnt Heine eine kaufmännische Lehre.

1816   Heine setzt die Lehre im Bankhaus seines Onkels Salomon Heine in Hamburg fort. Unglückliche Liebe zur Cousine Amalie.

1817   Unter Pseudonym veröffentlicht Heine erste Gedichte in »Hamburgs Wächter«.

1818   Mit Unterstützung des Onkels Salomon gründet Heine das Manufakturwarengeschäft »Harry Heine und Comp.« in Hamburg, in dem er vor allem englische Tuche verkauft.

1819   Heine meldet den Konkurs seines Geschäftes an.
März: Er immatrikuliert sich an der Universität Bonn zum Jurastudium, das von Salomon Heine finanziert wird. Neben juristischen hört er auch philosophische, philologische und historische Vorlesungen, u. a. bei August Wilhelm Schlegel und Ernst Moritz Arndt.

1820   Beginn der Arbeit an der Tragödie »Almansor«.
August: Im »Rheinisch-Westfälischen Anzeiger« erscheint Heines Aufsatz »Die Romantik«.
Oktober: Heine wechselt an die Universität Göttingen. Er beteiligt sich an geheimen burschenschaftlichen Versammlungen. Aus antisemitischen Gründen wird Heine aus der Burschenschaft ausgeschlossen.

1821   *Januar:* Wegen eines Duells erhält Heine für ein halbes Jahr Studienverbot an der Universität Göttingen.
April: Er immatrikuliert sich an der Universität in Berlin, wo er u. a. Vorlesungen bei Georg Wilhelm Friedrich Hegel hört.
Bekanntschaft mit Adelbert von Chamisso und Friedrich de la Motte Fouqué.
Begegnung mit Rahel und Karl August Varnhagen von Ense.
Einige Texte Heines, darunter Fragmente aus »Almansor«,

erscheinen in der von Friedrich Wilhelm Gubitz herausgegebenen Zeitschrift »Der Gesellschafter«.

»Gedichte« (vordatiert auf 1822).

1822 Heine wird Mitglied im »Verein für Kultur und Wissenschaft
der Juden«.

Reise nach Polen.

Begegnung mit Christian Dietrich Grabbe.

Oktober: Heine besucht Hegel.

1823 Der Bericht »Über Polen« wird im »Gesellschafter« publiziert.

Die Sammlung »Tragödien nebst einem lyrischen Intermezzo«
erscheint, sie enthält die Dramen »William Ratcliff« und
»Almansor«.

Beginn der Freundschaft mit Karl Leberecht Immermann.

Reise nach Lüneburg, Hamburg, Cuxhaven und Ritzebüttel.

August: »Almansor« wird in Braunschweig uraufgeführt.

1824 *Januar:* Heine immatrikuliert sich erneut an der Universität
Göttingen.

Reise nach Berlin.

Er unternimmt eine Fußwanderung durch den Harz, aus der
die Reisebeschreibung »Die Harzreise« hervorgeht (erscheint
1826 in »Der Gesellschafter«).

Oktober: Besuch bei Goethe in Weimar.

1825 *Juni:* Heine tritt zum evangelischen Glauben über und wird
in Heiligenstadt auf den Namen Christian Johann Heinrich
getauft.

Juli: Promotion zum Dr. jur. in Göttingen.

Sommerurlaub in Norderney. Heine siedelt nach Hamburg
über und lebt fortan als freier Schriftsteller.

1826 Begegnung mit dem Hamburger Verleger Julius Campe, der
künftig Heines Hauptverleger wird.

Der 1. Teil der »Reisebilder« erscheint (»Heimkehr«, »Die
Harzreise«, »Die Nordsee, I.«).

1827 Reise nach England.

April: Der 2. Teil der »Reisebilder« erscheint (»Die Nordsee,
II. und III.«, »Xenien« von Immermann, »Ideen. Das Buch
Le Grand« und »Briefe aus Berlin«).

Das »Buch der Lieder« (Gedichte) wird Heines publikums-
wirksamstes Werk und erlebt allein zu seinen Lebzeiten 13
Auflagen.

Reise über Frankfurt am Main, wo er Ludwig Börne trifft,
Heidelberg und Stuttgart nach München.

Heine wird Mitherausgeber der »Neuen allgemeinen politischen Annalen«.

Die Absicht, eine Professur für Literaturgeschichte anzutreten, wird vom katholischen Klerus durchkreuzt.

1828   *August – November:* Aufenthalt in Italien: Mailand, Genua, Lucca, Florenz und Venedig.

Dezember: Tod des Vaters in Hamburg.

1829   *Februar:* Heine zieht nach Berlin.

April: Übersiedlung nach Potsdam.

1830   »Reisebilder III«.

Sommerurlaub auf Helgoland.

Heine erhält Nachricht von der Pariser Julirevolution.

Er schreibt die »Briefe aus Helgoland«, in denen er die Vorgänge der Julirevolution reflektiert.

1831   Aufgrund mangelnder Berufsperspektiven in Deutschland entschließt sich Heine zur Übersiedlung nach Paris.

Mai: Ankunft in Paris, wo er als Korrespondent für deutsche Zeitungen und Zeitschriften arbeitet.

1832   Heine nimmt an Versammlungen der Saint-Simonisten teil.

Der Abdruck seiner Artikelserie »Französische Zustände« in der Augsburger »Allgemeinen Zeitung« wird von Metternich nach einigen Folgen unterbunden.

Dezember: Die Buchausgabe »Französische Zustände« erscheint und wird in Preußen verboten.

1833   Heines Aufsatz »État actuel de la littérature en Allemagne. De l'Allemagne depuis Madame de Staël« erscheint in der Pariser Zeitschrift »L'Europe littéraire«.

Der erste von vier unter dem Titel »Salon« veröffentlichten Sammelbänden erscheint; er enthält den Aufsatz »Französische Maler«, den Gedichtzyklus »Verschiedene« und das Erzählfragment »Aus den Memoiren des Herren von Schnabelewopski«.

1834   Begegnung mit Crescence Eugénie Mirat (Mathilde), Heines späterer Lebensgefährtin.

Heine arbeitet an der Schrift »Zur Geschichte der Religion und Philosophie in Deutschland«, die unter dem Titel »De l'Allemagne depuis Luther« in der Zeitschrift »Revue des deux mondes« erscheint.

1835   Der zweite Band des »Salon«, der vor allem die deutsche Version des Aufsatzes zur Geschichte der Religion »Über Deutschland seit Luther« enthält, erscheint.

»Die romantische Schule« (überarbeitete Fassung von »État actuel de la littérature en Allemagne«, vordatiert auf 1836).

Dezember: In Preußen werden sämtliche Schriften Heines verboten.

10. Dezember: Die Deutsche Bundesversammlung verbietet sämtliche gedruckten wie ungedruckten Schriften des so genannten Jungen Deutschland, an erster Stelle die von Heine sowie die in Heines Hausverlag Hoffmann und Campe in Hamburg erschienenen.

1836   Die Französische Regierung gewährt Heine als politischem Emigranten eine Pension.

Heine erkrankt an Gelbsucht.

1837   Ernsthafte Augenerkrankung.

Der dritte Band des »Salon« erscheint, er enthält u. a. die Prosatexte »Florentinische Nächte« und »Elementargeister«.

1838   »Schwabenspiegel«.

»Shakespeares Mädchen und Frauen«.

1840   »Heinrich Heine über Ludwig Börne«.

Der vierte Band des »Salon« mit den »Briefen über die französische Bühne« und dem Erzählfragment »Rabbi von Bacherach« sowie Gedichten und Romanzen erscheint.

1841   Begegnung mit Richard Wagner.

August: Hochzeit mit Mathilde in Saint-Sulpice.

Nach einer Auseinandersetzung über seine Denkschrift über Börne duelliert sich Heine mit dem Frankfurter Kaufmann Salomon Strauß und wird an der Hüfte verletzt.

Beginn der Arbeit an dem satirischen Versepos »Atta Troll. Ein Sommernachtstraum«.

1842   Aufenthalt in Boulogne-sur-Mer.

1843   In der »Zeitung für die elegante Welt« erscheinen »Atta Troll. Ein Sommernachtstraum« (Buchausgabe 1847) und das Gedicht »Nachtgedanken«.

Aufenthalt in Trouville.

Begegnungen mit Arnold Ruge und Friedrich Hebbel.

Oktober–November: Heine reist nach Hamburg.

Nach der Rückkehr lernt er in Paris Karl Marx kennen.

1844   »Deutschland. Ein Wintermärchen«.

»Neue Gedichte«.

Bekanntschaft mit Ferdinand Lassalle.

Mitarbeit an den von Marx und Ruge herausgegebenen »Deutsch-Französischen Jahrbüchern«.

Juli: Zweiter Hamburg-Aufenthalt mit Mathilde.

Dezember: Nach dem Tod des Onkels Salomon Heine beginnen Erbschaftsstreitigkeiten innerhalb der Familie. Die Familienpension wird Heine nur unter der Bedingung weiterbezahlt, dass er in seinen Werken keine Familienangehörigen erwähnt.

1845 Zunehmende Verschlechterung des Gesundheitszustands Heines.

Er entgeht der für alle Mitarbeiter des »Vorwärts!« verfügten Ausweisung aus Frankreich.

Sommer: Aufenthalt in Montmorency.

1846 *September:* Besuch von Friedrich Engels in Paris.

1847 »Atta Troll. Ein Sommernachtstraum«.

1848 *Februar:* Heine arbeitet für die Augsburger »Allgemeine Zeitung« als Berichterstatter über die Pariser Februarrevolution.

Mai: Heine bricht im Louvre zusammen. Es wird eine Erkrankung an Rückenmarkschwindsucht diagnostiziert.

Krankenlager Heines in der »Matratzengruft« in der Avenue Matignon (bis zum Tod 1856).

1849 Arbeit an den Gedichten der »Romanzero«-Sammlung.

1850 Heine schreibt an seinen »Memoiren«.

1851 »Romanzero« (Gedichte).

»Der Doktor Faust« (Tanzpoem).

1853 Arbeit an der »Lutetia«, einer Sammlung aus den Berichten für die Augsburger »Allgemeine Zeitung«, und an der Schrift »Die Götter im Exil« (beide 1854 in den »Vermischten Schriften«).

1854 »Vermischte Schriften« (3 Bände).

1855 Besuche seiner Freundin Elise Krinitz (»Mouche«).

November: Die Geschwister Charlotte und Gustav kommen nach Paris.

1856 *17. Februar:* Heine stirbt in Paris und wird drei Tage später auf dem Friedhof Montmartre beerdigt.